# 섬강별곡 8집
蟾江別曲

시조사랑시인선 18

채윤병 시조집

# 섬강별곡 8집

蟾江別曲

열린출판

# 섬강별곡 8집

1판 1쇄 발행  2021년 9월 24일

지은이 | 채윤병
펴낸곳 | 열린출판
등록 | 제 307-2019-14호
주소 | 서울특별시 서대문구 통일로48길 13, 201호
전화 | 02-6953-0442
팩스 | 02-6455-5795
전자우편 | open2019@daum.net
디자인 | SEED디자인
인쇄 | 삼양프로세스

ⓒ 채윤병, 2021
ISBN 979-11-91201-11-6  03810

\*책값은 뒤표지에 표시되어 있습니다.
\*저자와 협의하여 인지를 생략합니다.

■ 서시序詩

# 시조집『섬강별곡 蟾江別曲 8』을 내면서

세월은 물 흐르듯 유수와 같다는 말
이제야 새삼스레 불현듯이 느끼면서
미수米壽란, 상상만 하다 나도 이리 맞이하네

신축년 새해맞이 희망 샘이 솟으련만
지난해 코로나로 갈피조차 못 잡던 차
올해도 어리둥절해 발걸음은 천근만근

악마에 휘말린 듯, 지옥살이 체험한 듯
녹 슬은 무쇠처럼 맥 빠진 몸뚱어리
기어이 갈고 닦아서 옥과 같이 빛내보리

새날이 열릴수록 굳센 용맹 분발시켜
단점은 팽개치고 장점만 고루 살려
억겁 탑 성실히 쌓아 만사형통 이뤄보리

광음은 번개 치듯 쏜살같이 지나가도
꽃피워 열매 맺어 풍요로운 가을 맞듯
시인의 참된 가치관 뇌리 속에 녹여보리

시조로 등단한 지 스무고개 넘었구려
시집도 14권째 소신대로 엮었나니
이 신념 평생 다지어 알찬 보람 쌓아보리

세계로 향한 집념 꺾을 수야 있겠는가
더 힘찬 날개 펴고 넓은 하늘 훨훨 날아
한국의 전통 시조의 얼 온 세상에 펼쳐보리.

■ 차례

### 제1부 섬강과 더불어 살고

섬강별곡蟾江別曲 ················· 17
   - 신축년 새해 아침
섬강별곡蟾江別曲 ················· 18
   - 가나다라 섬강 여행
섬강별곡蟾江別曲 ················· 20
   - 거너더러 섬강 여행
섬강별곡蟾江別曲 ················· 21
   - 고노도로 섬강 여행
섬강별곡蟾江別曲 ················· 22
   - 구누두루 섬강 여행
섬강별곡蟾江別曲 ················· 23
   - 그느드르 섬강 여행
섬강별곡蟾江別曲 ················· 24
   - 기니디리 섬강 여행
섬강별곡蟾江別曲 ················· 25
   - 간현 소금산 출렁다리
섬강별곡蟾江別曲 ················· 26
   - 절로 솟는 천연별곡天然別曲
섬강별곡蟾江別曲 ················· 27
   - 아침 물안개

섬강별곡蟾江別曲 ································· 28
　- 봄날 변주곡變奏曲
섬강별곡蟾江別曲 ································· 29
　- 꽃잎 속에 돋는 사랑
섬강별곡蟾江別曲 ································· 30
　- 오복 갖춘 다슬기
섬강별곡蟾江別曲 ································· 31
　- 저녁노을 꽃 한 송이
섬강별곡蟾江別曲 ································· 32
　- 산도 좋고, 물도 좋고
섬강별곡蟾江別曲 ································· 33
　- 치악산 둘레길
섬강별곡蟾江別曲 ································· 34
　- 꽃구름 찬가
섬강별곡蟾江別曲 ································· 35
　- 물소리 바람 소리
섬강별곡蟾江別曲 ································· 36
　- 바위 절벽 소나무
섬강별곡蟾江別曲 ································· 37
　- 맑고 맑은 물속 풍경

## 제2부 꽃과 함께 사는 인생

꽃송이 예술가 ················································ 41
꽃, 꽃, 꽃, 꽃 타령 ··········································· 43
화사한 벚꽃 축제 ············································· 44
흥업 연가 ························································ 45
바람처럼 구름처럼 ··········································· 46
꽃샘발 몽니 ····················································· 47
정열 품는 장미꽃 ············································· 48
신비한 생명체 ·················································· 49
열린 음악회 ····················································· 50
바람처럼 살고 싶다 ·········································· 51
오월의 리듬 ····················································· 52
길 잃은 봄눈인가 ············································· 53
우리 인생길 ····················································· 54
신비한 몽상 ····················································· 55
시인의 눈동자 ·················································· 56
삼차원 세계 ····················································· 57
어떤 몽니 ························································ 58
　　- 미세먼지
백 년 꿈 설계 ·················································· 59
참혹한 산불 현장 ············································· 60
독서는 인생의 등불 ·········································· 61
　　- 원주 시립 도서관

## 제3부 숲속은 지상 낙원

숲속 낙원 ································ 65
숲속 교향곡 ····························· 66
샘물 멜로디 ····························· 67
매미들의 합창 ························· 68
희망찬 변주곡 ························· 69
역 광장 비둘기 떼 ·················· 70
들끓는 삼복더위 ···················· 71
숲속 몽상 ································ 72
폭염엔 바람도 맥 못 추나 ···· 73
분재 한 그루 ··························· 74
명상에 잠겨 ····························· 75
괴벽스런 우박 ························· 76
책은 나침반 ····························· 77
개미의 지혜 ····························· 78
덕담德談의 교훈 ······················· 80
불면의 밤 ································ 81
인생길 행로行路 ······················· 82
지하철 멜로디 ························· 83
한반도를 강타한 장맛비 ········································ 84
   -2020년 여름 장마
코로나 19의 망나니짓 ············ 85

## 제4부 행복한 가을

행복한 가을 ······· 89
멋쟁이 단풍나무 ······· 90
지평선 은유 ······· 91
영롱한 이슬방울 ······· 92
반가운 단비 ······· 94
놀라운 세상 ······· 95
물 흐르듯 빠른 세월 ······· 96
태평양을 바라보며 ······· 97
성난 바닷바람 ······· 98
수평선 은유 ······· 99
파도의 심보 ······· 100
시인은 시만 낚아 ······· 101
샛별의 약속 ······· 102
낙엽 이별가 ······· 103
거미의 IQ는 ······· 104
주목 한 그루 ······· 105
야생화 독법 ······· 106
낭랑한 학의 무리 ······· 107
바람 심성 ······· 108
잡초의 집념 ······· 109

## 제5부 한 겨울 나들이

흰 눈은 팔방미인八方美人 ································ 113
한겨울 나들이 ································ 114
겨울나무 몽상夢想 ································ 115
눈 내리는 날, 자화상 ································ 116
겨울 목련 ································ 117
겨울바람 합창단 ································ 118
겨울꽃 상고대 ································ 119
겨울 장미 ································ 120
겨울 호수 ································ 121
칼바람 ································ 122
폭설이 내린 아침 ································ 123
겨울 변주곡 ································ 124
탑 쌓기 ································ 125
까치밥 ································ 126
조화造花의 낯빛 ································ 127
고드름 이별가 ································ 128
후회 ································ 129
시인의 고귀한 품성 ································ 130
2018 평창 동계 올림픽 ································ 131
2018 평창 동계 패럴림픽paralympic ································ 132

## 제6부 이런 일, 저런 일

정곡별곡井谷別曲 ································ 135
    - 팔순 축시
사노시우집四老詩友集 축시 ···················· 136
채수길蔡洙吉씨의 만수무강을 빕니다 ·············· 137
채운석蔡雲錫씨의 만수무강을 빕니다 ·············· 138
참된 삶을 축원하며 ································ 139
남강 김창묵 회장님의 100세 축시 ················ 140


## 제7부 번역 작품

생명의 길 ········································· 144
A way of life ··································· 145
놀라운 세상 ······································ 146
Surprising world ······························· 147
괴팍한 코로나 19 ································ 148
Bad-tempered COVID-19 ···················· 149
물수제비 ·········································· 150
Stone skipping ································· 151
어시장 ············································· 152
魚市場 ············································· 153

■ 평설:
화이부동和而不同이 약동하는 유토피아를 구경하다
이석규__150
■ 지은이 소개__170

# 제1부 섬강과 더불어 살고

## 섬강별곡 蟾江別曲
### - 신축년 새해 아침

날 새자 저 해님도 너무 좋아 웃어대나
속 깊은 섬강물도 의지 높은 치악산도
화색이
넘치고 넘쳐
앞길 환히 열어주네

지난해 꼬인 매듭 훌훌 풀라 당부하고
강물이 바다 향해 주야장천 내달리듯
온갖 일
만사형통에
오복 가득 채우라네

바람도 흥이 솟아 어화둥둥 춤만 추나
신축년 새해맞이 시혼 마냥 톡톡 퉁겨
푸른 꿈
일구고 달궈
섬강별곡 읊으라네.

## 섬강별곡 蟾江別曲
### - 가나다라 섬강 여행

가없는 섬강 줄기 천지조화 이루었네
나와 너 맺은 연분 파랑 새싹 돋아나듯
다 함께 맑은 물 따라 천생연분 맺어요

라디오 리듬 소리 피라미가 듣나 보다
마당질 꼬리 춤에 팔딱팔딱 장단 맞춰
바람은 삼복더위에 부채질로 한몫 봐

사랑이 사무칠 땐 환상곡도 슬슬 읊어
아리랑 고개 넘듯 갈바람에 물살 일 듯
자비심 한껏 베풀고 가슴 활짝 펴본다

차디찬 설한풍엔 힘찬 맥박 솟구치어
카페인 터트리며 튀는 핏줄 부여잡네
타향도 정들면 고향 담금질로 맹세해

파르르 이는 물결 사시사철 넋을 일궈
하늘 뜻 고이 받아 귀한 손님 맞이하나
섬강은 오복이 넘쳐 만사형통 이루네.


*2019년 12월 8일, 세계문학상 수상작품.

## 섬강별곡 蟾江別曲
### - 거너더러 섬강 여행

거시적 희망 속에 흘러가는 강물 따라
너름새 떠벌리며 봄놀이를 즐겨본다
더덩실 춤사위 가눠 섬강별곡 읊으면서

러브love만 되뇌이며 사랑시만 읊조리나
머무를 틈도 없이 맑은 물에 뛰어들어
버젓이 벌거숭이로 물장난만 치라 하네

서늘한 가을철엔 오곡 백과 무르익어
어둔한 우리 인생 다정스레 다독이네
저마다 품은 포부를 시원스레 풀라 하며

처처에 드는 냉기 계절 탓만 하겠는가
커피잔 들이키며 눈꽃 송이 아로새겨
터놓고 친구 대하듯 재량 한껏 베풀라네

퍼붓는 온갖 욕망 사시사철 갈고 닦아
허영쯤 물리치고 실속 가득 채우라네
섬강은 사심도 없어 만인들의 스승이여.

# 섬강별곡 蟾江別曲
## - 고노도로 섬강 여행

고공을 훨훨 나는 철새들 날갯짓에
노송은 반가워서 봄맞이에 여념 없나
도도히 흐르는 강물 넘실넘실 춤만 추고

로맨스Romance 소설 같은 저 강변 꽃송이들
모두 다 한 통으로 천년 꿈에 실렸는가
보물만 땀방울 흘러 금빛같이 달군다네

소나타Sonata 기악곡이 메아리로 되돌아와
오르던 둘레 길도 흥이 팔팔 솟는다네
조롱이 가을철 맞아 물살 좋아 활개 치고

초승달 서산 머리 날름 앉아 살살대면
코끝이 시근거려 도망치는 저 철새들
토박이 삼동 겨울쯤 눈도 깜짝 안 하는데

포부도 당당하다 너른 벌판 껴안고도
호들갑 떨지 않고 예나 제나 변함없이
섬강은 저 바다 향해 여보란 듯 달린다네.

## 섬강별곡 蟾江別曲
### - 구누두루 섬강 여행

구김살 하나 없이 인생행로 갈고 닦아
누구나 향내 품은 꽃잎 활짝 피워 본다
두둥실 봄 꿈에 실려 물결 타고 놀 듯이

루프loop선 고리 타고 허공에 매달려도
무한정 솟구치는 땀방울도 씻어주고
부풀린 힘이 북받쳐 백 년 앞길 가늠하네

수시로 불어오는 갈바람 휘휘 감고
우수수 떨어지는 낙엽도 밟아가며
주도권 챙겨가면서 내 실속도 챙겨 본다

추위도 제철 맞아 영락없이 찾아들어
쿠데타 일으키듯 여름 철새 몰아낸 곳
투명한 얼음판 깔고 빙상놀이 즐기라네

푸짐한 저 강물에 온 정열 쏟아 부면
후회가 있겠는가 환한 앞길 열리는데
섬강은 인심도 좋아 오는 손님 환영하네.

## 섬강별곡蟾江別曲
### - 그느드르 섬강 여행

그립던 지난 시절 잊을 수가 있겠는가
느긋한 마음 가눠 봄 향기에 취해보면
드넓은 강줄기 따라 무한 세상 넓혀보리

르네상스Renaissance 문예 부흥 대혁명 꿈을 꾸나
'므겁다' 저 옛말도 서슴없이 알아채고
브랜디Brandy 참맛에 취해 시 한 구절 읊어대네

스르르 몸을 풀고 가을맞이 여념 없나
으슥한 억새밭에 미련 없이 주저앉아
즈믄 해 천년 꿈꾸며 저 먼 앞날 점쳐 본다

츠르르 흐르는 물 어느결에 얼어붙고
크낙새 날개 접고 감쪽같이 숨어버려
트럼펫Trumpet 악기 소리만 귀 기울여 들어본다

프리즘Prism 쌍안경을 천지사방 걸어 놓고
흐르는 물살 따라 묘한 풍경 되뇌이나
섬강은 국제화 시대 만년 탑을 쌓고 쌓네

## 섬강별곡 蟾江別曲
### - 기니디리 섬강 여행

기이한 섬강 변에 봄 햇살 내리쬘 땐
이르다 할 것 없이 새싹들이 방긋방긋
디딤돌 딛고 일어서 멋진 타령 울려대네

리듬도 가지각색 온 산천에 널리 퍼져
미꾸리 피라미 떼 꼬리 춤을 마구 추나
비단결 여름 줄무늬 어화둥둥 뿌리면서

시대의 흐름인가 단풍잎은 울긋불긋
이색판 깔아 놓고 새 판국을 이루는 듯
지상의 천국이어라 정이 흠뻑 든다네

치솟은 치악산은 백의민족 깃발 아래
키 자랑 몸매자랑 옥빛 샘물 연신 쏟아
티 없는 저 맑은 강물 바다 향해 들고 뛰네

피맺힌 깊은 한이 송두리째 모두 풀려
히쭉이 웃는 모습 어찌 그리 다정할까
섬강은 우리의 시조 온 세계에 펼친다네.

## 섬강별곡 蟾江別曲
　　- 간현 소금산 출렁다리

원주의 명물이네 소금산 출렁다리
물새도 마중 나와 손님맞이 앞장서나
예술의 전당이던가 하늘 정원 활활 연 듯

물결 소리 가락 맞춰 박자 치는 산 메아리
산새들 목청 가눠 별난 별곡 읊어대면
나비도 신선놀음에 날개 춤만 저리 추네

신이 내린 꿈이던가 공중묘기 부리듯이
아찔한 이 순간도 경이롭기 바이없어
갈매기 훨훨 날아와 환영 인사 한창이네

무지개 펼쳐 놓은 듯 오색 빛이 철렁거려
둥실둥실 구름 타고 하늘길을 걷는 기분
구만리 사랑 탑 쌓아 덩실덩실 춤도 추고

저 풍경 신비롭게 시화전을 펼쳤는가
볼수록 신바람 나 시상 가득 솟구치고
앙가슴 활짝 열어 놓아 섬강별곡 절로 솟네.

## 섬강별곡 蟾江別曲
### - 절로 솟는 천연별곡 天然別曲

물결에 실린 몸매 속살까지 시원하다
옥빛같이 맑은 물결 울렁출렁 사무치어
온정이 펄펄 끓어올라
걷잡지를 못하겠네

강바람도 세상맞이 신풀이를 하나 보다
점잖은 고목 나무 시나브로 끌어안고
유난히 법석을 떨며
허랑방탕 마구 구네

신비한 별천지엔 시인도 홀딱 반해
한잔 술에 녹아들어 태평세월 꿈만 꾸듯
한평생 섬강에 흘려
천연별곡 절로 솟네.

# 섬강별곡 蟾江別曲
### - 아침 물안개

내달리는 강물 줄기 굽이굽이 부여잡고
방대하기 그지없는 수묵화를 펼치었네
저 재주
무궁도 하다
신화 같은 예술이여

물결치는 멜로디에 솟아나는 이데아로
새 메시지 가늠 잡아 별천지를 이루었나
묵묵히
깊은 속내 다져
승천 꿈을 꾸는 듯

샘바리 별들조차 뻔히 봐도 못 말린걸
영묘한 만능 지혜 그 누군들 당할 손가
물안개
혼줄에 끌려
절창시 絶唱詩가 솔솔 솟네.

## 섬강별곡 蟾江別曲
### - 봄날 변주곡 變奏曲

저 강가 수양버들
초록 물색 단장하고
만물은 때가 좋아 맵시 자랑 시새우나
쿵덕 덕, 봄날의 선율
귓가에서 뱅뱅 돈다

강 언덕 매화나무
꽃 대궐 이루는 날
야릇한 고운 향내 속살까지 배어드네
쿵쿵 덕 봄날 화음에
벌 나비도 춤을 추고

상춘객 흥에 겨워
어깨춤 들썩들썩
도취한 예술가도 품은 재주 풀어대고
쾅쾅 쿵 봄날 변주곡
온 천지가 들썩이네.

# 섬강별곡 蟾江別曲
### - 꽃잎 속에 돋는 사랑


첫눈에 반했었네 순박한 꽃송이에
남다른 묘한 색깔 내 눈초리 끌어당겨
단 한 판
신선놀음에
정이 흠뻑 들었다오

꽃망울에 튀는 맥박 활활 타는 불꽃 같아
무한 욕망 솟구칠 땐 입맛 쩍쩍 혀끝 날름
꽃잎에
입맞춤하며
너무 좋아 껄껄 웃고

꽃향내 꿀맛 같아 온몸에 스며들면
싱그럽기 그지없어 가슴살로 끌어당겨
섬강물
맑은 정신에
사랑 탑만 연신 쌓네.

## 섬강별곡 蟾江別曲
### - 오복 갖춘 다슬기

집 한 채 짊어진 채 복덩이로 태어났나
식복이 하도 많아 안 먹어도 배가 불러
드넓은 섬강물 따라
태평세월 꿈만 꾸고

물살이 달구쳐도 피라미가 꼬리 쳐도
중용의 도 지키는가 눈도 깜짝 아니하고
쌓은 덕 펼치고 펼쳐
억겁 도량 닦고 닦네

'노숙'이란 두 글자는 내 사전에 없다 하고
의젓한 양반걸음 하늘 뜻만 우러르나
타고난 사주팔자에
어딜 가나 당당해

점잖은 행동거지 어느 뉘가 탓할 손가
한평생 사는 동안 근심 걱정 아예 없어
남다른 오복을 갖춰
섬강별곡 연신 읊네.

## 섬강별곡 蟾江別曲
   - 저녁노을 꽃 한 송이


해 종일 날빛 감아 고운 몸매 다져 놓고
얼싸 좋다 신바람에 온갖 정열 품어대네
저 품성
하도 아리따워
입맞춤도 서슴없어

강물도 머나먼 길 굽이굽이 들고 뛰다
꽃향기에 가득 취해 달구치는 물결 장단
깊은 정
몽땅 쏟으며
사랑가만 불러댄다

황홀한 노을 빛살 어기차게 칭칭 감고
복자리 깔고 앉아 꿈에 실린 이상 세계
섬강 변
예쁜 꽃 한 송이
이 내 눈길 홀짝 끄네.

# 섬강별곡 蟾江別曲
### - 산도 좋고, 물도 좋고

산바람 강바람이
어깨 겯듯 얼싸안고
무아경에 빠져들어
신풀이를 하는 건가
저 풍경 맛깔스러워 시 한 구절 절로 솟네

그림 같은 강물 줄기
절묘하게 솟은 암벽
배배 꼬인 주름살쯤
시원하게 풀어주고
햇살도 오색 빛 펼쳐 군자삼락君子三樂* 즐기라네

청산은 파노라마
물살은 음율 일궈
귀에 익은 멜로디가
사시사철 메아리쳐
한세상 어울림 장단에 무진 별곡 읊는다오.

*집안이 무고하고, 부끄럼 없이 영재교육을 함.

# 섬강별곡 蟾江別曲
### - 치악산 둘레길

치악산 둘레 길엔 만물들이 덩실댄다
점잖은 고목들도 향수에 젖고 젖어
오달진 글발만 솟아
음률 가눠 새긴다네

산바람 살랑살랑 머릿살 간지를 땐
전설의 꿩 소리가 귀에 쟁쟁 들리는 듯
발자국 옮길 적마다
리듬 가락 울려대고

믿음직한 바위산은 천년 앞길 열어 놓나
콸콸 솟는 맑은 샘물 멜로디로 선율 일궈
저 넓은 바다를 향해
섬강별곡 연신 읊네.

## 섬강별곡 蟾江別曲
### - 꽃구름 찬가

참사랑 솟구치는 우주 꽃밭 일궈 놓고
행복이 넘쳐흘러 웃음보를 터뜨리나
곱고도
황홀한 색깔
산마루에 수를 놓네

물새 떼 한데 얼려 이는 물결 리듬 타고
제멋에 흥이 솟아 놀아나는 저 춤사위
하늘 땅
한마당 잔치
옹골차고 어기차다

모진 삶 겪는 인생 쌓인 여한 몽땅 풀려
정이 든 고향 꿈에 새론 생명 움이 트듯
저녁놀
꽃구름 따라
천지별곡 읊어 본다.

*한국시조문학상 본상 수상작품

## 섬강별곡 蟾江別曲
### - 물소리 바람 소리

여울진 맑은 물에
고기떼가 꼬리 칠 땐
물새도 신바람에 날개 춤만 추는 건가
저 멋에 도 레 미 파 솔
아련하게 낮추면서

물소리 바람 소리
화음 맞춘 단짝인가
찰떡궁합 뽐내면서 얼싸 좋다 덩실덩실
영원히 한 음역으로
섬강 변을 맴도네.

## 섬강별곡 蟾江別曲
### - 바위 절벽 소나무

벼랑 끝 바위 절벽 두렵지도 않은 건가
물기도 하나 없는 틈바구니 깔고 앉아
빈 하늘 바람결 타고
공중묘기 부리는 듯

무진 고통 달게 받아 억센 신념 달구는가
곱디고운 핏줄 가눠 갖은 역량 쏟아붓고
무지한 세속을 떠나
무진 도량 닦고 닦네

한겨울 강추위가 앙칼지게 몰아쳐도
지나 새나 푸른 서슬 어느 귀가 꺾을 손가
저 용맹 무한한 넋이
세상 눈길 몽땅 끈다.

# 섬강별곡 蟾江別曲
### - 맑고 맑은 물속 풍경

점잖던 왕 버들은 장기 자랑 늘어놓나
물구나무 선수인 양 거꾸로 곤두박질
맑은 물
얼씨구나 좋다
활갯짓에 놀아나고

가지마다 뛰는 맥박 어기차게 달구치나
물바람 끌어내려 신풀이로 덤벙거려
햇살은 한 수 더 높여
천연별곡 읊어댄다

샘바리 피라미도 꼬리 춤에 놀아나면
깨알 같은 모래알도 떼거리로 데굴데굴
저 풍경
영화의 한 장면
리듬 박자 척척 맞네.

# 제2부 꽃과 함께 사는 인생

## 꽃송이 예술가

어딜 가나
꽃만 보면
생기 절로 솟구친다
화가들 뺨을 칠 듯 오방색 고이 품고
온 세상 환하게 밝혀
우아하게 펼쳐 놓네

품은 재량
알뜰하게
서슴없이 드러내고
바람결 리듬 타고 춤사위로 나풀대나
저마다 제 몸매 자랑
지나 새나 하늘거려

핏줄 속에
녹여냈나
색깔 달리 향내 달리

정답게 대할수록 우리 몸을 감고 돌아
꽃송인 예술가 후예
대대손손 이어가네.

## 꽃, 꽃, 꽃, 꽃 타령

꽃샘추위 이긴 꽃이 꽃 중의 왕인가
꽃마다 꽃 춤추며 꽃 웃음에 꽃 입 벌려
꽃, 꽃, 꽃, 꽃에 취해서 꽃과 함께 꽃 춤 추네

꽃 맵시 꽃 자랑에 꽃들끼리 꽃샘하나
꽃 이름도 노루귀꽃 할미꽃 목련꽃에
꽃, 꽃, 꽃, 꽃만 세다가 꽃물 들인 꽃이여

꽃 들판 꽃잎마다 꽃에 끌려 꽃이 폈나
꽃송이의 꽃말 듣고 꽃 눈치만 살피는 날
꽃, 꽃, 꽃, 꽃 사랑에 흘려 꽃을 안고 꽃 꿈 꿨네

꽃 찜에 홀딱 반해 꽃술에 입 맞추다
꽃망울 꽃을 따라 꽃 살 톡톡 만지었네
꽃, 꽃, 꽃, 꽃이 좋아서 꽃 친구가 되었고

꽃만 보다 꽃 탐욕에 꽃향기 맡은 죄로
꽃 매 맞은 꽃 자국엔 꽃 멍울이 붉게 맺혀
꽃, 꽃, 꽃, 꽃 타령 부르다 꽃 세례를 받고 마네.

## 화사한 벚꽃 축제


벚나무는 떼거리로 화려한 옷 갈아입고
물밀 듯 몰려나와 손님맞이 한창이네
화장도 황홀 찬란해
세상 사람 눈길 끌고

너나없이 싱글벙글 어찌 그리 한통일까
활개 치는 굳센 몸짓 저 하늘로 용솟음쳐
풍류객, 백 년 꿈에 들떠
단봇짐을 풀고 마네

고운 맵시 뽐내는가 아량 한껏 베푸는가
바람이 살랑일수록 꽃비를 쏟아붓는 듯
저 풍경 신선놀음 같아
어깨춤이 절로 솟고

길손들 홀딱 반해 정신조차 헷갈리나
귀향길 잊은 채로 발목까지 휘어잡고
꽃 사래 화려한 절정에
주저앉고 만다네.

## 흥업 연가

산새들이 목청 가눠 찬양 시 읊어대면
저수지 물고기는 가락 맞춰 춤추는 듯
참교육 명승지답게
인생 꽃밭 일군다오

물 한 모금 마셔대도 웃음 복이 터집니다
젓가락 들을수록 톡톡 튀는 감칠맛에
흥업의 정력을 받아
태평가가 절로 솟고

바람도 깊은 온정 사방팔방 쏟아붓나
부귀영화 누리면서 천년 앞길 열어 놓아
맥박이 용솟음치며
세상인심 끌고 가네.


*2015년 강원도 원주시 흥업면에 시비를 세웠음.

## 바람처럼 구름처럼

바람이 손짓하자 구름은 눈치채고
푸른 하늘 훨훨 날아 깊은 인연 맺는 건가
저 정경
운치가 솟아
나도 따라 덩실대네

언제나 어디서나 찰떡궁합 단짝 사랑
청산도 저 메아리 이미지로 달게 받아
만만 년
터를 일구고
힘찬 맥박 달군다오

바람처럼 구름처럼 무진 정분 쌓고 쌓아
세월이 흐를수록 부푼 꿈 녹아들 듯
한평생
향수에 젖어
오롯하게 살고 싶다.

# 꽃샘발 몽니

한바탕 잔치마당 꽃나무가 펼친 자리
망령을 부리는가 호들갑을 떠는 건가
저 몽니 훼방꾼 닮아
얄궂기가 한량없어

괴팍한 성깔머리 울화통이 터지도록
망나니 놀아나듯 심술 저리 부려놓고
눈치도 염치도 없이
난장판을 벌여놓네

화사한 꽃샘바람 고운 심성 믿었건만
도깨비 방망이질 마구발방 휘두르듯
꽃송이 볼모로 잡고
별별 수작 다 부리네.

## 정열 품는 장미꽃

온몸엔 가시투성이
한 봄내 멸시받아
가시 꽃도 꽃이냐고 빈정빈정 비웃을 땐
꽃망울 톡톡히 챙겨
깊은 아량 베푼 듯

무지하고 모진 세속
물밀듯이 밀어냈나
속내는 들끓어도 곧추세운 곧은 신념
온 정열 차고 넘치어
본받을 점 하도 많네

복성스런 송이마다
오복을 갖췄는가
날마다 대해봐도 세상 눈길 몽땅 끌어
저 품성 곱고도 고와
감탄사만 연신 솟네.

# 신비한 생명체

온갖 색깔 고루 갖춰
햇살을 휘휘 감고
저마다 짙은 향기
바람결에 훌훌 날리네
온 들판 천연 빛 뿌려 우주 섭리 다지는가

다다를 곳 아리송해
냉가슴 후려친들
풍파에 시달리어
넋을 잃고 휘청댄들
먼 앞날 등대를 향해 거친 길도 마다 않네

모진 길 세월 덫에
눈물로 지샌 날도
절벽에 가로막혀
낙망에 부딪혀도
신비한 생명체마다 쌓인 시름 몽땅 푸네.

## 열린 음악회

바람이 살랑이듯 물결이 일렁이듯
활짝 핀 꽃밭인 양 화기 가득 넘쳐나네
저 재치
신선을 닮아
손도 넋도 잡아끌고

펼쳐대는 오색 빛깔 눈부시게 나부끼네
높고 낮은 음률 타는 메아리가 울려 퍼져
춤사위
박수갈채로
온 광장이 덩실덩실

시원스레 느껴본다 한세상 사는 맛을
맵시도 꽃잎같이 심장 박동 울려대고
한 마당
열린 음악회
신바람이 절로 젓네.

# 바람처럼 살고 싶다

무디고 무딘 세월 사시사철 내 멋대로
길 없는 산과 들도 활개 치며 훨훨 날아
무진장
드넓은 세상
바람처럼 살고 싶다

꽃피면 꽃향기에 벌 나비 떼로 몰려
오붓한 지혜 일궈 가락 춤에 놀아나듯
윙 윙 윙
멜로디에 실려
바람처럼 살고 싶다

천연색 아로새겨 큰 그림만 그리는데
비나 눈 쏟아진들 무슨 시름 있겠는가
한평생
자유자재로
바람처럼 살고 싶다.

## 오월의 리듬

샘물이 치솟는 듯
태산 같은 힘이 솟네
한 시절 때는 좋다 꽃 피워 열매 맺고
온 산천 생기가 돌아
맥박 소리 요란해

벌 나비 신풀이에
벌레들도 목청 높여
봄바람 살랑살랑 흥이 솟아 넘실대네
저마다 제멋에 겨워
날 가는 줄 모르고

달궈대는 열기 속에
홀로 서는 우리 인생
뛰는 핏줄 부여잡고 백 년 앞길 환히 열어
값진 삶 리듬에 실려
온갖 정성 쏟아붓네.

# 길 잃은 봄눈인가

정든 땅 그립던가 떠나가다 발길 돌려
나무 끝에 앉자마자 눈물 뚝뚝 흘려대네
한식날
내린 저 눈에
개구리가 놀라겠다

가슴에 맺힌 날들 그다지도 못 잊었나
유랑 길 꿈만 꾸다 엉겁결에 되돌아와
숨 고를
겨를도 없이
눈빛조차 흐려지네

꽃피는 봄 한 철에 얼 녹이는 해거름에
깨우치고 뉘우쳐도 반기는 이 하나 없어
**어물쩍**
두리번거리다
종지부를 찍고 마네.

## 우리 인생길

한번 왔다 가는 것을 막을 수가 있겠는가
바람 같은 인생이라 후회도 많겠지만
먼 앞날 점쳐가면서
행복 꿈에 실려 본다

집 떠난 나그네가 강물에 흘러가듯
먼바다 아로새겨 산모롱이 굽이 돌 듯
참사랑 태산같이 쌓아
값진 삶을 일궈 본다

천태만상 걸어온 길 안개 끼듯 자욱해도
피고 지는 꽃향기에 뛰는 맥박 가다듬어
야릇한 우리 인생길
금자탑을 쌓아본다.

# 신비한 몽상

끝없는 꿈에 실려
하늘 한 귀 휘어잡고
사무치는 힘찬 몸짓 무한정 펼치려나
홀 맺힌 아픔 풀어내
핏줄까지 달궈대네

참사랑 품에 안겨
어디든지 훨훨 날고
신선 같은 춤사위에 달빛도 덩실대듯
교묘히 잠꼬대 칠 땐
갈피조차 못 잡아

시간이 흐를수록
영원한 등불 같아
맥박도 파도치듯 멈출 줄 몰라 하나
몽상에 잠기는 시간
온 누리가 찬란하다.

## 시인의 눈동자

시인의 눈동자는 골골샅샅 굽어보다
숨겨진 그늘 속도 카메라로 찍어내듯
무시로
혜안慧眼을 번득여
천 리 앞길 가늠한다

낯설은 풍경들이 물밀듯이 닥쳐와도
지워진 나이테가 눈앞에 되살아나
영롱한
생명줄 일궈
푸른 세상 꿈만 꾼다

산이 산이 높을수록 숲은 더욱 그윽하고
강물이 깊을수록 큰 고기가 놀아나듯
시인은
만리경 쓰고
무진 글발 낚아챈다.

# 삼차원 세계

쏟아붓는 붉은 햇살 달구치는 저 칼바람
차원이 서로 다른 이상 세계 넘나드나
하늘 땅
잽싼 몸짓으로
숨바꼭질 하듯이

하찮은 우리 인생 비몽사몽非夢似夢 꿈결에도
원색 필름 돌리듯이 온 우주 감고 도네
저 넓은
외계를 향해
힘찬 노를 저어가며

저 별은 뉘 별이며 내 별 또한 어느 건가
세상 끝 하도 멀어 헤아릴 길 바이없어
미지의
삼차원 세계
명상으로 그려본다.

# 어떤 몽니
  - 미세먼지


철부지 아이같이 살래살래 날뛰면서
꽃가루 뿌려대듯 이골 저골 나부끼다
체면도
염치도 없이
마구발방 놀아나네

평소에는 의젓하게 시나브로 바장이다
솔솔바람 무동 탄 채 활갯짓만 저리 치나
한바탕
떼거리로 몰려
뭇사람들 겁박하고

제 천성 꺾지 못해 갈피조차 잡지 못해
몽니만 부리다가 오장육부 뒤틀린 듯
몰지각
무자비하게
온 천하를 흐려 놓네.

## 백 년 꿈 설계

앞길이 막막하여
갈팡질팡 헤맬 적엔
얼음장 구멍 뚫고 낚시질로 고기 낚듯
모질고 험악한 세파
국량 한껏 넓혀본다

지쳐버린 그리움쯤
저 하늘에 훨훨 털고
품은 뜻 속 시원히 막힌 숨통 환히 열면
어둠도 어느새 밝아
거울같이 맑아지리

할퀴고 열 받아서
온 천지가 막막할 땐
별들이 반짝이듯 힘찬 맥박 퉁겨보자
인생길 환한 지평에
백 년 꿈이 열리리라.

## 참혹한 산불 현장

한순간 날벼락이 푸른 수풀 내리치듯
덧없는 불길 솟아 허탈감에 빠졌다네
그 뉘도 예상치 못해 어리둥절 헤매고

평화롭던 온 마을이 전쟁터를 방불케 해
생명의 보금자리 순식간에 날려 보내
도깨비 장난질 같아 아연실색 하였다네

엉겁결에 화를 입고 뛰쳐나온 주민들은
알거지 신세 되어 떠돌이로 우왕좌왕
참담한 지옥살이에 살도 피도 조여들고

바람도 망령인가 불난 집에 부채질로
호들갑 떨고 떨다 잿더미를 만들었나
화마가 핥고 간 자리 수라장이 되었네.

*2019년 4월 4일. 강원도 고성, 강릉 지역에선 산불이 나서 산림 550ha
 와 주택 550여 채가 잿더미로 변하였다.

## 독서는 인생의 등불
### - 원주 시립 도서관

치악산 시루봉은 하늘 뜻 우러르고
섬강물 맑은 넋이 넓은 들판 살찌우듯
원주의 시립도서관 맑은 세상 열어주네

햇살이 빛을 달궈 이골 저골 고루 비춰
꽃피워 열매 맺어 오복 가득 채워두듯
시민들 행복지수를 책 속에서 찾으라네

읽으면 읽을수록 태산 같은 힘이 솟고
새로운 아이디어 무궁무진 일구나니
한평생 책벌레 되어 천생연분 맺으라네

인생은 날 때부터 구름 꽃이 피어나듯
책과의 맺은 인연 취향 따라 읽는다오
품은 뜻 등댓불 향해 힘찬 노를 저어가며

물속에 피라미 떼 흥에 겨워 꼬리 치듯
책마다 지닌 비밀 깜냥대로 다듬질해
만년 꿈 마냥 꾸면서 값진 삶을 엮고 엮네

모질긴 세월 속에 칼바람이 후려친 들
잡념이 우글대어 우왕좌왕 헤매인들
책 속엔 길이 있다고 나침반이 되어주네

깊이 박힌 무한 지식 어기차게 파헤치어
굳은 의지 다져가며 구절구절 갈고 닦아
책들과 맺은 인연엔 에너지가 콸콸 솟고

배우고 깨우침에 위아래가 있겠는가
금쪽같은 귀한 시간 책갈피만 파고들면
영묘한 슬기가 돌아 만사형통 이룬다오

책장에 파묻히어 삼매경에 푹 빠질 땐
둘도 없는 친구 사이 잠결에도 사무치어
성공의 꽃망울 피워 금자탑을 쌓는다오

책을 향한 눈동자는 힘찬 맥박 튕기나니
책꽂이에 저 많은 책 피가 되고 살이 되어
독서는 인생의 등불 평생 앞길 열린다네.

# 제3부 숲속은 지상 낙원

# 숲속 낙원

삼복더위 숲속에서 멜로디가 판을 친다.
까치도 풀벌레도 패거리로 똘똘 뭉쳐
저마다
목청을 돋워
신바람에 놀아나고

사람이나 짐승이나 야릇하긴 마찬가지
좋은 자리 만날 때는 희희낙락 즐긴다네
숲속은
지상낙원이야
온 천하가 설레이고

집 떠난 방랑자도 땀방울에 쩔쩔매다
나무 그늘 파고들면 어깨춤이 절로 솟나
기어이
제멋에 겨워
떠날 줄을 몰라 하네.

## 숲속 교향곡

천혜의 오솔길을 굽이굽이 걷노라면
풀벌레 합주곡이 귀청 속을 울려댄다
산새도 반겨주는가
떼거리로 재잘거려

골짜기 솟는 샘물 마른 목 축여 줄 땐
상큼한 맛 절로 넘쳐 축배 한잔 마시는 듯
야릇한 향기에 묻혀
속살까지 시원하고

어딜 보나 신비로워 신선이나 만난 듯이
세속에서 찌든 속내 깔끔히 씻어두어
즐거운 오케스트라
푸른 꿈을 일궈대네

흘러가는 인생길에 콧노래가 절로 솟고
오장육부 시원스레 새론 삶이 용솟음쳐
낭랑한 숲속 교향곡
고이 엮어 불러 본다.

# 샘물 멜로디

언제나 밤낮없이 졸졸대는 저 멜로디
심성이 옥빛 같아 온 세상이 시원하다
별 잡것 소곤거려도
아랑곳도 아니 하고

벌레들 울음소리 짬짬이 밀려오련만
얼결에 들은풍월 바람결에 품고 마나
저 홀로 제 흥에 겨워
콧노래를 부르는 듯

청아한 날빛 달빛 사시사철 아로새겨
갈수록 몸피 불려 참된 영혼 살찌우나
희망찬 먼바다 향해
가락 춤에 놀아나네.

# 매미들의 합창

날만 새면 얼싸 좋다 동아리로 한데 얼려
그악스런 목청 가눠 뽑아내는 저 멜로디
한 세상
품었던 설움
얼음 녹듯 풀고 만다

쨍쨍 햇빛 뒤로 한 채 나무 그늘 깔고 앉아
신선놀음 펼치는가 무지개 꿈 일구는가
저 허공
무대로 삼고
한껏 돋운 소리 명창

젊은 치가 끓어올라 힘찬 맥박 달구치나
휘몰이 장단 맞춰 한 판 치는 오케스트라
온 숲속
화음에 젖어
나뭇잎도 춤을 추네.

## 희망찬 변주곡


두견새 날밤 새워 슬피 울다 떠난 자리
산모롱이 외진 골엔 동백꽃이 탐스러워
바람은
얼씨구 좋다
선율 따라 놀아나네

선연히 들려오는 산새들의 합창 소리
고달픈 인생길을 말끔하게 씻어준다
물살도
신명이 난 듯
멋진 가곡 읊어대고

온 산천 멜로디는 화음 박자 척척 맞춰
아리송한 세상살이 하늘빛에 헹궈대면
희망찬
변주곡 따라
만년 꿈이 콸콸 솟네.

## 역 광장 비둘기 떼

명당자리 골라잡고
주인 행세 하는 건가
사람들은 갈 길 바빠
우왕좌왕 헤매건만
한바탕 떼로 몰리어 자기 멋만 부려대네

아장아장 걸을 때는
철모르는 아가 같고
후닥닥 활개 칠 땐
어른들 뺨치겠네
영민한 저 비둘기 무리 촉감조차 예민해

세상은 변해가도
아무 상관 없다는 듯
비렁뱅이 헤매인들
눈도 깜짝 아니하고
온종일 태평가에 실려 만년 앞길 열고 있네.

## 들끓는 삼복더위

들끓는 삼복더위 한증막에 갇힌 기분
바람도 겁에 질려 쥐구멍에 숨었는지
진땀만
주룩주룩 흘러
감옥살이 치르는 듯

수은주는 천정부지 체온 훌훌 넘나들고
달궈대는 복사열에 오장육부 뒤틀리어
피맺힌
불쾌지수가
하늘 높이 치솟겠다

억세 빠진 심술쟁이 왕고집만 부리는가
불볕 나는 찜통 속엔 정신조차 어리 빙빙
온 세상
눈뜬장님 같아
멍청이가 되고 마네.

* 2018년 삼복더위는 111년 만의 최고 기록이라 함.

## 숲속 몽상

햇살도 몸 사리는 깊은 숲속 걷다 보면
나도 몰래 푹푹 빠져
꿈 나래를 펴고 마네
방 방 방 천리 사방에
멧새들도 내 편이고

푸른 빛 푸른 숨결 푸른 핏줄 다독이며
푸른 생기 절로 돋아
푸른 새날 되새기나
온몸에 초록빛 넘쳐
초록 옷깃 나풀댄다

억만년 지켜나갈 하늘 한 채 짊어지고
본심만 아로새기며
앞만 보고 걸으란다
나무는 모두 형제인가
한맘 한뜻 한통이네.

## 폭염엔 바람도 맥 못 추나


산마루 훌훌 넘어 산천초목 끌어안고
휘몰던 성깔머리 어디에나 팽개쳤나
억세고
괴팍한 수작
숨소리도 안 들리네

구름도 주눅 들어 낯짝조차 못 내미나
저 하늘 무대 삼아 멋쟁이로 뽐냈건만
오달진
햇살 등쌀에
두 손 들고 마는 듯

실바람 황소바람 눈치코치 하도 빨라
활기찬 날개 접고 먼발치서 망만 보나
난폭한
혹염 앞에선
입도 벙긋 못하네.

# 분재 한 그루

천형天刑의 죄 짐을 졌나
사슬에 얽매인 채

자벌레 꿈틀대듯
이리저리 구불구불

실바람
살갑게 감고
하늘 향해 큰 눈 뜨네

세상 물정 아랑곳없는
소나무 늙은 가지

간난艱難의 굴형인가
외로 선 분재 한 그루

팽팽한
힘줄을 돋워
붉은 노을 드리우네.

## 명상에 잠겨

깊은 공상 펼쳐본다
책갈피 들추면서
독서는 어딜 가나 거짓일랑 하나 없어
대화도 알뜰살뜰해
삼매경에 젖어들고

우주의 저 높은 뜻
오롯이 낚아채듯
어기찬 삶의 넋을 아롱지게 삭여대면
영롱한 대자연의 신비
핏줄 속에 녹아드네

한세상 사는 일이
뜻대로만 되겠는가
슬픔도 즐거움도 황금 줄로 엮노라면
한없는 명상에 잠겨
향수 속에 스며든다.

# 괴벽스런 우박

얄궂은 망나니짓 방정맞기 그지없어
호들갑만 떨고떨다 끝장을 내려는가
저 행패 악마와 같아
아연실색 하겠네

억세빠진 소나기와 한통속 똘똘 뭉쳐
꽃잠 든 산과 들에 심술깨나 부려대나
애매한 복숭아 열매
심한 상처 입혀 놓고.

북받치는 울화통에 화풀이를 하는 건가
향내 뿜는 고운 꽃잎 마구발방 뭉개대다
울화가 풀린 뒤에야
비실비실 꼬릴 접네.

평화로운 온 산천엔 날벼락이 떨어진 듯
엉겁결 화를 입어 전쟁터를 방불케 해
산새도 풀벌레들도
얼뜨기가 되고 마네.

# 책은 나침반

전생의 업보인 듯
어딜 가나 동반자로
가시밭길 휘휘 돌아 갈팡질팡 헤매어도
책 속에 길이 있다고
만년 등불 밝혀 준다

눈 맞춤 손 맞춤도
자연스레 이뤄지고
구김새 하나 없이 꿈결에도 아른거려
책과의 아름다운 만남
에너지가 콸콸 솟고

성공의 마법사로
울림의 꽃망울로
둘도 없는 친구 사이 천생연분 아니던가
한평생 어깨동무로
나침반이 되어주네.

## 개미의 지혜

가녀린
몸매지만
IQ만은 유별난가

일기 예보 미리 알고
단속하는 개미군단

나침반
눈금을 보듯
제 갈 곳을 잘도 찾네

오가는 길
만날 때마다
아는 체 먼저 하고

눈코도 없는 것이
험한 벼랑 가려서 가네

디지털
컴퓨터 시대
선견지명 터득했나.

## 덕담德談의 교훈

웃음꽃 돋는 말엔 복이 철철 넘쳐나고
뒤숭숭한 말투에는 정신조차 어리숭해
한순간
말 한마디가
희로애락喜怒哀樂 갈라놓네

하늘에 별이 총총 시공세계時空世界 펼쳐놓듯
지상에는 꽃이 만발 신천지를 이뤄 놓듯
언어는
삶의 길라잡이
어딜 가나 열린 세상

덕담은 떠받들고 악담은 물리치고
머릿속 파고드는 괴한 망상 삭여대면
만사가
술술 풀리어
앞길 환히 열린다네.

## 불면의 밤

꿈결에도 사무쳐서
책갈피에 파묻힌다
별의별 잡념일랑 꼬리 치며 줄행랑쳐
한 찰나 샛별 같은 글발
옹골차게 낚아채리

괴물 같은 악몽쯤은
오달지게 물리친다
새로운 아이디어 뇌리에 쟁이노라면
어느새 졸음이 솔솔
꽃향기에 취해보리

한밤중 벌레 소리
멜로디에 받아들여
바람결 엇박자도 고이고이 새겨본다
불면의 밤을 마치고
깊은 잠에 푹 빠지리.

## 인생길 행로行路

자나 깨나 젊은 피에 봄바람이 그립건만
원치 않은 칼바람이 내 손길 휘어잡아
계절 맛
볼 새도 없이
수레바퀴 돌듯하네

초록빛 되뇌이며 힘찬 맥박 달구건만
어느새 나도 몰래 주름살을 덧씌우네
한 세월
물과 같아서
흘러가면 그만인걸

단맛 쓴맛 다시면서 온갖 풍파 겪어대도
벌 나비 꽃향기에 날개 춤 훨훨 추듯
어기찬
인생길 행로
생명불로 다져 본다.

# 지하철 멜로디

지하철 타고 갈 땐
지새우는 밤중 같아
인생 연가 무릇 솟아
몽상에서 깨는 기분
팽팽한 우리네 삶을 시원스레 펼쳐 준다

밀물 썰물 드나들 듯
숨 돌릴 겨를 없이
언제나 바쁜 나날
일터 찾아 저리 뛰나
저마다 허둥대는 몸짓 힘찬 맥박 퉁겨대고

어룽진 굴속에서도
꽃송이가 활짝 피고
눈에 어린 황금빛이
이다지도 황홀할까
달리는 멜로디에 실려 사는 보람 느껴본다.

## 한반도를 강타한 장맛비
### -2020년 여름 장마

심술 난 폭우인가 가늠조차 할 수 없어
우왕좌왕 헤매다가 정신까지 아찔아찔
인생길 생사 고난을 뼛속 깊이 느껴보네

망령 떠는 강수량에 앞뒤도 분간 못 해
얼결에 뛰쳐나온 수재민은 갈팡질팡
빗줄기 발광 칠수록 주눅 들어 쩔쩔매고

온 들판 온 마을에 강물이 넘친 자리
산사태로 파묻히어 바다를 이뤄 놓은 듯
말 못 할 천지개벽에 소름만이 오싹 돋아

집 잃고 고향 잃고 목숨마저 잃어버려
못 가눈 내 몸 하나 혼쭐까지 아물 가물
저 참상 기가 막혀서 아연실색 하겠네

악마가 있다는 건 이를 두고 한 말인가
볼수록 괴망한 짓 말로는 표현 못 해
하늘만 쳐다보면서 멍청이가 되고 마네.

## 코로나 19의 망나니짓

광란을 부리는가 음흉한 행동거지
심보조차 고약하게 마구발방 놀아나네
코로나 말만 들어도 소름이 오싹 돋아

고약한 성깔머리 샘만 놓는 심술쟁이
원한이 사무치게 천근만근 짐을 지워
한 발짝 옮길 적마다 오금조차 못 펴네

죄 없는 선한 인생 병마 속에 묶어 놓고
끝끝내 들들 볶다 귀한 목숨 뺏어가나
저 행패 악질 중의 악질 천벌 받아 마땅하리

천심도 거역한 채 법도마저 거스르나
인심까지 등 돌리는 악마 같은 망나니짓
온 세계 대로를 막고 모략 술책 부려대네.

* 2020년 전 세계를 휩쓴 코로나 19의 괴팍한 전염병

# 제4부 행복한 가을

# 행복한 가을

살가운 가을 햇살 옹골차게 내려받아
온 산천 나뭇잎들
몸단장에 여념 없네
한 생에
얽히고설킨 한
시원스레 풀어주고

주렁주렁 매어 달은 대추나무 알찬 열매
감칠맛 두루 풍겨
인심 저리 베푸는가
저 도량 깊고도 넓어
까치조차 멈칫멈칫

어딜 가나 눈부시게 펼쳐 놓은 이색 풍경
한국화 멋을 살려
오색병풍 둘러친 듯
가을은 신통방통해
행복감이 절로 솟네.

## 멋쟁이 단풍나무

젊은 피 팔팔 뛸 땐 파랑 옷만 즐겼는데
세상 풍물 엿보다가 오방색 펼치는가
갈 햇살
아롱지게 받아
별천지를 이루었네

산모롱이 실바람도 살랑살랑 윙크하다
진실한 참사랑에 홀딱 반해 버린 듯이
야릇한
저 멋에 취해
떠날 줄을 몰라 하고

색색 물감 고이 풀어 하늘까지 붓질했나
어딜 보나 매무새가 황홀하기 그지없어
스타일
멋진 스타일
화음 박자 척척 맞네.

## 지평선 은유

온 산천 인연 맺고 만년 길을 열었는가
새소리 바람 소리 화음 박자 척척 맞춰
지평선
햇살로 덧칠
별난 불꽃 일구는 듯

예제나 어디서나 펼쳐 놓는 파노라마
어찌 그리 신묘할까 뇌리에 사무치네.
저 의지
영원불멸해
잔물결이 일렁이고

하늘에서 내린 빛을 들판에선 고이 받아
갖은 조화 부리면서 어리어리 너울 치나
하늘 땅
어울림 장단에
별천지를 이뤄 놓네.

## 영롱한 이슬방울

물안개 자욱한 날
얼비치는 햇살 아래
시끄러운 잡소리가 귓전 마구 갉아대도
고 작은
물방울들이
환한 앞날 열어주네

별의별 무진 잡념
깔끔하게 지워 놓고
풀잎에 낼름 앉아 무딘 세상 다듬는가
옥 같은
저 맑은 정신
뇌리에 담아 본다

빈손으로 살아간들
거짓 없는 이슬처럼
헛된 욕심 팽개치고 영롱한 구슬 꿰듯
가난한

시인일망정
한줌 빛이 되고 싶다.

## 반가운 단비

넌덜 나던 가뭄 속에
짜증 나던 긴긴 하루
비 한 방울 기다려도 구름조차 등을 돌려
선풍기 신세만 지면서
무더위도 삭혀봤지

일기 예보 비 소식에
눈이 번쩍 귀가 번쩍
타던 목 벙글벙글 웃음보가 절로 터져
하늘의 은총이던가
복에 넘친 꿈도 꾸고

소나기 억수같이
쏟아지길 빌던 참에
부슬부슬 주룩주룩 신비롭게 내리는 비
옹골찬 꽃비를 섬겨
귀한 손님 맞듯 했네.

# 놀라운 세상

이 세상 사람마다 생김새가 다르듯이
성깔도 깜냥대로 우왕좌왕 헤매건만
떳떳한
정의 앞에선
차돌같이 똘똘 뭉쳐

폭풍은 심술궂어 온 천지를 뒤흔들고
소나기는 우악스레 갖은 몽니 부려대도
고목은
향수에 젖어
눈도 깜짝 아니하네

강물이 흘러가듯 바람이 스쳐가듯
번개같이 빠른 세월 꽃처럼 피고 져도
언제나
놀라운 세상
감탄사만 연신 솟네.

# 물 흐르듯 빠른 세월

들숨 날숨 쉬다 보면 어느새 해는 지고
괴팍한 인심조차 얼음 녹듯 녹고 마네
철새는
푸른 꿈에 실려
예나 제나 똑같건만

치솟는 산바람이 하늘 문을 열어준들
그 억센 고집불통 걷잡을 수 있겠는가
아려한
우리네 인생
헤매이다 나날 보내

숨 돌릴 틈도 없이 인정미 하나 없이
별의별 머나먼 길 번개 치듯 마구 달려
한세월
강물과 같아
쏜살같이 지나가네.

## 태평양을 바라보며

끝없는 망망대해 가슴으로 끌어안고
우주의 온갖 만상 머릿속에 그려본다
저 큰 뜻 무궁무진해
감탄사만 연신 솟네

부서지는 하얀 포말 무한 삶을 노래하나
뭍바람 바닷바람 한 통으로 똘똘 뭉쳐
주객이 찰떡궁합이라
환한 세상 열어주고

몽돌도 모래알도 떼거리로 몰려나와
억센 파도 달게 받아 반들반들 담금질에
저 천성 누가 말리겠나
천생연분 맺었는걸

날빛 달빛 끌어내려 비단 물결 깔아 놓고
그 모진 세월 달궈 이뤄 놓은 저 별천지
유랑객 심성 가누어
억겁 도량 닦으라네.

## 성난 바닷바람



산수 경관 쥐락펴락
신바람에 놀아나다
산등성 넘자마자 성깔 저리 변했는가
햇살이 다독거려도
잠든 바다 들깨우고

넓고도 깊은 물에
어안이 벙벙한 듯
왕고집 억척같이 마구발방 훼방 놓네
해종일 몽니만 부려
난폭하기 그지없어

발품 판 여행길에
쌓인 노독路毒 푸는 건가
망망대해 깔고 앉아 살풀이를 하는 건가
저 억센 파도 일으켜
한 바다를 호령하네.

## 수평선 은유

밤새도록 꿍꿍이속 갖은 수작 부려대다
날 새자 얼싸 좋다 햇살 무리 끌어안고
한 찰나
이승과 저승
징검다리 놓는 듯

파도가 심술부려 난장판을 이루어도
갈매기 활개춤에 천년 앞길 환히 열어
해종일
오는 정 가는 정
물너울만 치고 있다

하늘과 바닷물이 어기차게 마주잡아
전생의 인연인가 은유의 물길 트고
수평선
푸른 꿈 일궈
억겁 도량 닦고 있네.

## 파도의 심보

넓은 바다 깔고 앉아 왕고집만 부려대다
사시사철 때도 없이 마구발방 놀아나나
파도가
훑고 간 자리
실색하고 말겠네

체면도 팽개친 채 제 속셈만 챙기는 자
괴팍한 행동거지 눈 뜨곤 볼 수 없어
저 꿍심
갖은 계략에
모진 수작 부리는 듯

끝끝내 안하무인 방파제쯤 훌쩍 넘어
날벼락 후려치듯 뭇 생명 몽땅 삼켜
파도의
성깔머리는
악마 심보 닮았네.

## 시인은 시만 낚아

꽃송이 싱그럽게 살금살금 눈짓하면
벌 나비 떼는 좋다 얼싸절싸 춤을 추듯
시인은 시에 사무쳐
즉흥시가 솔솔 솟네

선풍기 돌고 돌면 땀방울도 식혀주고
참매미 울음소리 귓바퀴 갉아 댈 땐
시상도 가슴팍 울려
무진 글방 휘휘 감네

세상사 사는 맛을 어딜 가나 느껴본다
박수 치고 웃다 보면 태산도 훌쩍 넘어
신바람 무동을 탄 채
으뜸 시만 낚아챈다.

## 샛별의 약속

어디선가 꼭꼭 숨어
꼼짝달싹 아니하다
밝은 눈 부릅뜨고
여봐란 듯 손짓하네
첫새벽 등불 켜 들고 앞장서는 길라잡이

초롱초롱 몸매 가눠
무수한 별 냅다 밀고
사무치는 그리움에
맑은 영혼 갈고 닦아
한평생 외톨이라도 바른 세상 지킨다네

어두운 야밤중에
험하고도 드넓은 길
붉은 핏줄 달궈가며
굳센 의지 다졌는가
날 새면 헤어질지언정 또 만날 날 약속하네.

## 낙엽 이별가


여름내 시퍼렇게 서슬도 팔팔했건만
그 미색 어찌하다 서릿발에 주눅 들까
저승길 아스라한 길
미련 없이 떠난다네

한때는 대망의 꿈 오롯하게 일궈대다
고추바람 심술 통에 오장육부 뒤틀렸나
오만도 뱃심 부리다
두 손 들고 만다네

굳게 다진 믿음마저 한 찰나에 팽개친 채
생명줄에 서린 핏발 인연조차 끊고 말아
얼떨결 아연실색해
지그재그 흩날리네

느닷없이 정처 없이 떠돌이로 줄행랑쳐
욕심인들 있겠는가 한 번 가면 그만 인걸
영원히 다시 못 올 세상
이별가로 눈물짓네.

## 거미의 IQ는

실날같이 그물 친 건
심리작전 수단인가
야심찬 아이디어 옹골차고 오달지어
저 덫에 걸려만 들면
귀신조차 속겠구나

예민한 촉각 세워
잔꾀를 부리는가
춤추는 날벌레쯤 번개같이 덥석 덮쳐
먹잇감 낚아채고도
시치미만 떼고 있네

죽고 사는 운명 길은
하늘의 뜻이던가
오묘한 저 IQ엔 AI로도 감당 못해
바람만 방랑시인인 양
천지별곡 읊어대네.

## 주목 한 그루

저녁놀 물든 산기슭
튼실한 주목 한 그루
치악산
황소바람도
다독여
길들이고
품 안에
새들을 끌어안고
명상에 잠겨있네

살아 천년 죽어 천년
늘 푸른 바늘잎은
시고 떫은
만고풍상
몇 겹이나
지새웠나
등걸에
주름살처럼
잔금 저리 드러나네.

# 야생화 독법

눈길 하나 끌지 않는 하찮은 몸짓으로
타고난 천성대로 품은 재롱 몽땅 떠나
그 누가
야생화라고
업신여겨 깔보겠나

바람도 신명 겨워 살래살래 춤을 추면
벌 나비 얼싸 좋다 잔치마당 벌이는 듯
무시로
쳐다만 봐도
가락 춤이 절로 솟아

저들끼리 제멋 자랑 야릇하게 시새울 땐
놀 빛까지 아로새겨 깊은 정분 나누는가
저 품성
뇌리에 사무쳐
만사형통 이루겠네.

## 낭랑한 학의 무리

점잖은 소나무에 만년 둥지 틀고 앉아
가지마다 흰 꽃송이 탐스럽게 피워 놓은 듯
예제나 타고난 품성
곧은 신념 펼쳐대네

모진 세파 몰아쳐도 다정하기 그지없어
눈초리 끌어당겨 꿈결 속에 사무친다
구름도 이상야릇해
둥실둥실 멈칫하고

낭랑한 학의 무리 오복 가득 지녔는가
하늘나라 천사인 양 솔바람 무동 타고
먼 앞날 점쳐가면서
춤사위로 활개 치네.

## 바람 심성

몸뚱인 감춰 놓고
윙 윙 윙 소리만 쳐
손에도 안 잡히고
흔적조차 바이없네
신비한 적막을 깨고 꿈속에만 아른거려

온 산천 넘나들며
무진 자비 베푸는가
방랑시 연신 읊어
귀한 생명 다독거려
저 참뜻 깊고도 깊어 만년 앞길 열어 놓네

드넓은 밝은 무대
볼수록 성스럽다
한평생 열린 세상
어딜 가나 자유로워
갸륵한 바람의 심성 온갖 번뇌 풀어주네.

## 잡초의 집념

어느 곳 어느 길섶 서슴없이 깔고 앉아
날빛 달빛 고이 새겨 천년 앞길 가늠 보나
아무도 탐내지 않는 곳 어기차게 지키면서

바람은 제멋대로 휘몰이 장단치고
야릇한 애벌레가 버릇없이 핥아대도
내 집념 낮은 자세로 살맛 한껏 누리는 듯

긴긴 가뭄 참고 참다 모진 장마 물리치다
앙상한 몸매마저 휘청휘청 나부껴도
내 집념 오롯이 새워 다져대는 영생불멸

오달진 줄기마다 알찬 열매 매어 달고
대대로 이어 나갈 핏줄 자랑 늘어놓나
아둔한 우리 인생들 용기백배 일궈주네.

# 제5부 한 겨울 나들이

## 흰 눈은 팔방미인 八方美人


한겨울 올 때만을 손꼽아 기다리다
바람 등 무동 타고 품은 재주 몽땅 푸나
스스럼 하나도 없이
하늘땅만 점령하네

문기文氣 넘친 붓대 잡고 시 한 수에 멋진 초서
수묵화는 곱살스레 춤사위는 가락 맞춰
저 기품 신통방통해
민낯조차 곱고 곱다

맑디맑은 마음씨에 신비로운 무진 아량
기량 펴는 저 예술성 명성 높은 선비 같아
흰 눈은 시 서 화 가 무 詩 書 畵 歌 舞
팔방미인 나위 없네.

## 한겨울 나들이

날씨가 사나우면 온정조차 메마르나
몰아치는 눈보라에 얼어붙은 골짝마다
목말라
속을 태워도
눈도 깜짝 아니하고

꽁꽁 언 땅 걷노라면 발끝까지 움츠러져
소름만 오싹 돋아 아는 길도 설설 기네
나약한
우리 몸뚱이
한 치 앞도 가늠 못해

억세 빠진 칼바람은 왕고집만 부리는가
괴팍한 심술쟁이 가슴패기 파고들어
야속타
한겨울 나들이
온 등골이 척척 휘네.

## 겨울나무 몽상夢想


다정한 이웃끼리
너나들이 하는 그날
지나 새나 헐벗은 채
침묵만 지키는가
눈 속에 발목 묻고도 산 메아리 풀어낸다

칼바람 후려친들
아린 가슴 죄어든들
저마다 햇살 한 줌
성스럽게 고이 품어
하늘빛 우러러 받들고 굳은 의지 펼치는 듯

윤색 나는 고운 살갗
주름살도 바로 잡고
소름 돋는 겨울 냉기
의젓하게 풀고 풀어
꽃망울 만개할 봄날을 오돌오돌 다진다네.

# 눈 내리는 날, 자화상

저 하늘 신비로워 감탄사만 연신 솟네
어제까지 맑고 맑아 티끌 하나 없었건만
밤사이
무슨 조화로
흰 눈가루 뿌려내나

낙엽은 잠이 들고 산 까치는 숨어들고
바람도 슬금슬금 산등성이 훌훌 넘어
온 누리
백설기같이
별난 세상 이루었네

나무마다 복스럽게 흰 꽃송이 만발한 듯
저 멋에 사는 맛이 뼛속 깊이 사무치어
신묘한
눈발에 흘려
자화상을 그려본다.

# 겨울 목련

이웃은 털털이로
겨울나기 힘들어도
흰 눈송이 보기 좋아 새소리 듣기 좋아
한겨울 꽃봉오리 자랑
미어지게 털어놓나

철모르는 아이들이
왁자하게 뛰어놀 듯
찬바람 휘감고도 흥에 겨워 들렌 몸짓
당당히 제멋에 겨워
싱글벙글 웃어대고

세상 눈치 본척만척
곧추세운 힘찬 열망
알차고 고운 맵시 오달지게 품고 품어
저 목련 봄 꿈에 실려
꽃말 한껏 펼쳐대네.

## 겨울바람 합창단


몸매는 숨겨 놓고 목청 한껏 가다듬어
천지사방 돌고 돌아 멋진 가락 뽐내는가
멜로디
귀청을 울려
꿈결에도 아른대네

실바람은 낮은 선율 칼바람은 높은 선율
화음 박자 척척 맞춰 울림소리 화사하네
나무도
제멋에 겨워
춤 장단에 놀아나고

추우면 추울수록 하늘 눈 크게 뜨고
무릉도원 얼을 받아 천년 앞길 가늠 보나
한겨울
바람 합창단
신비스런 예술이여.

## 겨울꽃 상고대

매서운 겨울 한 철 두 손꼽아 기다린 듯
추울수록 환한 기백 맑은 속내 흠뻑 뿜어
얼음꽃 절묘한 풍경
천상천하 으뜸이네

나무마다 한맘 한뜻 보물단지 이뤘는가
옹골찬 서릿발에 한 수 높인 저 상고대
볼수록 심금을 울려
뇌리에 사무친다

동아리로 똘똘 뭉쳐 가늠 잡는 아이디어
발돋움 곧추세워 한 수 높인 온갖 재주
동장군 예술의 솜씨
위풍당당 늠름하다

하늘 뜻만 우러르나 날카로운 스타일로
성깔도 칼날 같아 서슬조차 등등하다
칼바람 겨울꽃 상고대
천지별곡 절로 솟네

## 겨울 장미

고추바람 불든 말든
쏟아내는 붉은 정열

가시관 쓴 장미꽃이
내 눈까지 불태운다

중천에
솟는 열기가
이 한 세상 물들일까


샘바리 샘을 놓나
고집쟁이 몽니 부리나

밤마다 우리 몸은
새카맣게 녹슬지만

절절히
목 부러진 채
타오르는 저 입술.

# 겨울 호수

언제나 맑은 심성 시새움도 아예 없이
오가는 손님에게 사랑깨나 받았건만
어느 날
동장군이 헤살 놓아
어리벙벙 헤매었지

붕어 떼 물오리 떼 계절도 안 가리고
지나 새나 사무치게 살갑게 지냈건만
밤사이
살얼음이 덮쳐버려
혀끝까지 굳었었지

말 못 하는 벙어리로 타는 속내 참고 참다
하늘 향해 소원 성취 정성껏 빌었건만
한순간
무쇠같이 얼려 놓아
앞 못 보는 장님 됐네.

# 칼바람


바람 소리 윙윙대면
구슬땀도 깜짝 놀라
소름 돋고 주눅 들어
몸서리 치고 있네
넌지시 되작거리다 쥐죽은 듯 숨어버려

바람은 성깔대로
산마루 훌훌 넘어
망나니 날뛰듯이
마구발방 짓밟는가
억새도 숨이 겨운지 부들부들 온몸 떨고

괴팍한 저 몸짓은
도깨비 놀음판 같아
점잖은 고목조차
가늠보다 눈길 돌려
칼바람 후려치는 날 까막까치 날개 접네.

## 폭설이 내린 아침

티끌도 하나 없는 솜털 같은 눈송이들
어둔 밤 틈새 타고 새론 천지 펼치었네
저 고운
하얀 마음씨
도량 넓은 선도자여

파랑 핏줄 힘찬 맥박 달궈대던 청솔 나무
신선 꿈에 사로잡혀 참선에 들었는가
흰 가운
뒤집어쓴 채
묵상 기도 여념 없고

사방팔방 어딜 보나 맑은 정신 사무치어
까치도 날개 접고 사바세계 엿보는 등
폭설이
내린 새 아침
깊은 시름 털어 보네.

## 겨울 변주곡

바람은 때가 좋다 눈발 따라 쌩쌩 불고
서릿발 음률 가눠 흰 핏줄만 높이는가
기러기
떼로 몰려와
기럭기럭 창을 읊네

한파는 암팡지게 곳곳마다 몰아치고
종달새 재롱떨다 소문 없이 사라졌나
계절풍
막을 수 없어
엇박자만 둥둥 치네

인생은 바야흐로 물길 따라 흘러가듯
곰 삭일 틈도 없이 뛰는 가락 연신 맞춰
기어이
겨울 변주곡
보람차게 울려 본다.

## 탑 쌓기

사람마다
생김새나
성깔은 다 달라도
희망찬 앞날 향해 모진 고통 참지 않나
화사한 꽃송이 피워 알찬 열매 맺으려고

자나 깨나
성스러운
수레바퀴 굴리련만
참신한 삶 속에도 모진 악마 훼방 놓아
핏줄에 얽힐지언정 얼음 녹듯 풀고 만다

무저갱
저 저승길
되뇌면 무엇하랴
역경에 휘말린들 가시밭길 헤쳐 간들
굳건한 인생행로에 이승 탑을 쌓아보리.

## 까치밥

감나무에 달린 홍시 입맛 쩍쩍 다셔대도
해마다 몇 개씩은 우듬지에 남겨두네
인심도 천심인가 보다
까치밥을 챙겨두고

외로이 매달렸네 발그레 볼 붉히고
아리따운 예쁜 모습 탐스럽기 그지없어
들새들 웃음소리가
귀에 쟁쟁 들리는 듯

뭇 생명 귀히 여긴 선조들의 깊은 도량
날짐승도 가족처럼 사랑 흠뻑 쏟아붓나
자비심 뿌듯이 뿜어
대대손손 물려주네.

## 조화造花의 낯빛


향기도 없으면서 호사스런 민낯 들고
한 생에 짊어진 채 온갖 자태 뽐내는가
신묘한
저 열기에 놀라
감탄사만 연신 솟네

이승 길 하도 좋아 꿈결에도 사무친 듯
어딜 가나 천연스레 눈도 방긋 입도 방긋
귀신도
어리벙벙해
감쪽같이 속겠다

번뜩이는 생명 줄에 뭇사람 눈길 끄네
황홀하게 튀는 맥박 믿음조차 솟구치어
기어이
꽃다발 중에
낯빛 더욱 환하구나.

## 고드름 이별가


찬바람 추위쯤은 예삿일로 받아들여
하늘 무대 얼싸 좋다 눈발 타고 춤만 추다
신명이 절로 솟아올라
몸 둘 바를 몰라 했지

함박눈 명함 들고 용마루 타고 앉아
온 천하 호령호령 위엄 한껏 부렸건만
한 찰나 고드름 신세
넋을 잃고 고개 숙여

꽃망울 생기 돋아 환한 웃음 짓는 이때
저 낯선 저승길이 하염없이 쓰라린 듯
기어이 이별가에 실려
눈물 뚝뚝 흘리네.

# 후회

나 홀로 알몸 달궈
대담하게 펼친 야망
땀방울 주룩주룩 무진장 흘렸건만
그 보람 하나도 없이
갈팡질팡 헤맸었네

세상 삶이 어찌 그리
내 뜻대로 되랴마는
알찬 열매 탐만 내다 지쳐버린 허송세월
헛욕심 맑은 물살에
늦게나마 헹궈 본다

내 심상 거울처럼
거짓도 하나 없이
금쪽같은 귀한 시간 허둥지둥 보낸 나날
황혼이 물들어서야
뼈를 깎듯 뉘우치네.

## 시인의 고귀한 품성

날이 새면 해가 뜨고
밤만 되면 별이 뜨고
샘물이 콸콸 솟아 목마른 자 달래주듯
시인은 만물의 영장
길라잡이 앞장서네

삼복더위 속에서도
꽁꽁 언 땅 딛고서도
사시사철 무용수가 나비춤을 훨훨 추듯
시인은 시혼을 달궈
금자탑을 연신 쌓네

모질긴 박달나무
굳센 의지 꺾일 손가
곧은 힘줄 곧추세워 힘찬 맥박 퉁겨대듯
시인은 무한 글발 낚아
으뜸 시만 갈고 닦네.

## 2018 평창 동계 올림픽

스포츠의 요람이여 오륜기가 펄럭인다
눈부신 응원단에 갖은 묘기 부려댈 땐
메아리 힘찬 메아리
온 천지가 들썩이고

예술가도 한판 절여 웃음꽃밭 일궈 놓고
신선 같은 나비춤에 멜로디가 용솟음쳐
꽃송이 탐스런 꽃송이
박수갈채 눈부시다

흰 눈밭 얼음판은 금메달만 어른거려
북받치는 열성 일궈 온갖 기량 몰아치네
저 기백 하늘도 뚫을 듯
힘찬 맥박 솟구치고

인종차별 아예 없는 성스러운 잔치마당
함성이 천둥 치듯 승리 깃발 훨훨 날려
올림픽 평화 올림픽
온 인류의 영광이네.

## 2018 평창 동계 패럴림픽paralympic

우렁찬 울림 속에 성스러운 패럴림픽
심장은 북을 치듯 앙가슴 날개 치듯
저 의지 높고도 강해
힘찬 맥박 솟구치고

몸은 비록 장애라도 품은 뜻은 태산 같아
뼛속까지 사무치어 굽힐 줄을 모르는가
그 심지 위풍당당해
감탄사만 연신 솟네

불가능은 없다는 말 새삼스레 느껴본다
의족 신고 춤사위에 갖은 묘기 부려댈 땐
관중도 몸 둘 바 몰라
발만 동동 굴러댄다

경기마다 열띤 불꽃 어기차게 달궈지면
눈에 어린 메달 꿈도 바이없이 낚아채어
온 인류 한 마당 잔치
평등 평화 다져 놓네.

# 제6부 이런 일, 저런 일

## 정곡별곡井谷別曲
   - 팔순 축시

이씨문중李氏門中 얼을 받아 온갖 정성 쏟았구려.
팔십 평생 외곬으로 무진 공덕 쌓고 쌓아
문학의 꽃송이 피워
온 세상이 환합니다

양양洋洋한 앞길 열고 뛰는 핏줄 넋을 일궈
날빛 달빛 고이 받아 잉걸불로 담금질 때
성스런 문화의 전당
억겁 도량 닦으셨네

우기雨氣가 넘칠수록 뭇 생명 활개 치고
수많은 시인들의 만년 시비 세웠나니
이양우李洋雨 존함 석자가
청사 속에 빛나리오.


* 정곡井谷은 이양우 이사장님의 아호임.

## 사노시우집四老詩友集 축시

상록수 푸른 의지 사시사철 펼치듯이
참신한 맥박 일궈 문필 마냥 다지셨네
한 생애 거룩한 업보
생기 솟는 넋이여

노년이 닥쳐와도 아랑곳도 아니 하고
깊은 뜻 아로새겨 공든 탑만 쌓았구려
온 겨레 우리 민족시
영원토록 빛나리

거룩한 문학의 얼 무한정 펼치는가
강물이 바다 향해 주야장천 들고 뛰듯
먼 앞날 대망에 실려
천지별곡天地別曲 읊으셨네.

\* 강원도 원주시 상록시조회 노인회원 작품집 축시

## 채수길蔡洙吉씨의 만수무강을 빕니다

채씨문중蔡氏門中 대들보로
무게 중심 잡았구려
수사학洙泗學*만 갈고 닦아
높은 품위 이뤘나니
길운吉運이 한없이 열려
무궁무진 빛나리오


*공자 맹자의 학문.

## 채운석蔡雲錫씨의 만수무강을 빕니다

채씨문중蔡氏門中 길잡이로
무진도량 쌓았구려
운산雲山마루 타고 앉아
하늘 뜻만 섬기나니
석장錫杖\*이 앞길을 밝혀
천수 만세 누리리오.


\* 도사가 짚은 지팡이

## 참된 삶을 축원하며

이씨 문중 등불 되어 밝은 세상 열어 놓고
청솔나무 사시사철 푸른 핏줄 달궈내듯
오가나 선심 베풀어
오복 가득 받고 있네

병권 마냥 장악해도 내색 하나 아니하고
들뜬 인심 사로잡아 하늘 뜻만 우러르듯
먼 앞날 발돋움 치며
길라잡이 앞장서네

관대하고 너그러워 만인들의 사랑 받고
예나 제나 바위 틈새 맑은 샘물 솟아나듯
한평생 참된 삶 일궈
무진 공덕 쌓고 쌓네.

* '이병관'의 이름 3자를 넣어 앞날의 행복을 빌여 시조를 읊어 쓰다.

## 남강 김창묵 회장님의 100세 축시

김씨 문중 얼을 받아 성스럽게 탄생하셔
창성할 선구자여 참된 명성 펼쳤나니
묵묵한 애국지사로 천추만세 빛나리오

넋이 튀는 나라 사랑 뼛속 깊이 사무치게
민족의 길잡이로 어딜 가나 앞장서고
충성심 솟구치도록 승리 깃발 날렸구려

하늘 뜻 내려받은 대쪽같이 곧은 절개
피 끓는 굳센 신념 후손들의 본보기라
온 겨레 심금을 울려 탄탄대로 닦았구려

우렁찬 만세 소리 귀에 쟁쟁 들리는 듯
장엄한 힘찬 용기 태산도 옮길 듯이
저 심성 넓고도 높아 거울 같은 본보기여

백 년간 쌓은 공덕 억겁 탑에 고이 풍겨
애국심 달군 불꽃 청로각을 밝히나니
한평생 용꿈에 실려 만수무강 하옵소서.


\* 홍천 독립운동가 찬양시

제7부 번역 작품

## 생명의 길

산기슭
골골마다
풀꽃 향기 풍겨오면

몸에 감긴 실바람이
묵언수행 하라 하고

시루봉
삼신 탑에선
억겁 도량 닦으라네.

# A way of life

When the scent of flowers exude
from every valley
at the foot of a mountain.

A light breeze which clings to my body
tells me not to talk.

A mountain spirit tower
on Sirubong Peak
tells me to make a întellectual speculation.

## 놀라운 세상

이 세상 사람마다 생김새가 다르듯이
성깔도 중구난방 우왕좌왕 헤매건만
떳떳한 정의 앞에선
차돌같이 똘똘 뭉쳐

폭풍은 심술궂어 온 천하를 뒤흔들고
소나기가 야무지게 갖은 몽니 부려대도
고목은 향수에 젖어
눈도 깜짝 아니 하네

강물이 흘러가듯 바람이 스쳐 가듯
번개같이 빠른 세월 꽃잎처럼 피고 지고
언제나 놀라운 세상
감탄사만 연신 솟네.

# Surprising world

As all the people in the world look entirely diiferent from one another

they have different tempers and run about in conlusion.

In front of honorable justice.

they close ranks like white pebbles.

A storm shakes the earth and the sky because it is ill-tempered.

A shower is firmly cross and greedy.

An old tree is sick for home

and is not bat an eyelid.

As a river flows and the wind blows.

The fight of time like lightening blooms and falls like flowers

it's always the surprising world.

My words are full of exclamations.

## 괴팍한 코로나 19

음탕한 성깔머리 악마의 심보인가
온 세계 넘나들며 모진 수단 다 부리네
저 심술 악질 중의 악질
천벌 받아 마땅하리

천한 인심 꽁꽁 묶고 훼방 놓는 망나니짓
짓궂게 달달 볶다 목숨까지 앗아가니
저 악령 꿈속에 아른댈까
깊은 잠도 못 들겠네

음흉한 행동거지 광란도 유분수지
희망찬 백 년 앞길 송두리째 꽉꽉 막아
코로나 말만 들어도
오금조차 못 펴겠네.

# Bad-tempered COVID-19

Is a dirty sharp temper a nasty temper of the devil?
It plays all kinds of bad tricks through the world.
It is so grumpy, It is the worst type of evil.
It deserves to burn in hell.

It ties and disturbs good hearts and minds like a roughneck
Does it kill people after harassing them?
I cannot fall fast asleep
because I dread meeting the evil spirit in my dream.

Wicked behaviors are absolutely crazy.
The hopeful future of a hundred year is occluded.
I am transfixed with fear
at the mere mention of COVID-19.

[ 동시조 ]

## 물수제비




물 위에서 깡충깡충
물총새 날개 치듯

점만 찍는 징검다리
멀리뛰기 선수 같다

톡톡 툭
내 솜씨 보다가
물벼룩도 놀랄 거야.

# Stone skipping

Hippity hoppity on the water
As if a kingfisher beat the wings

Stamping dots on stepping-stones
It's like a long jumper

Tap tap tap
Even a water flea might be surprised
If it sees my skill.

## 어시장

팔딱팔딱 뛰는 생선
좌판 위에 누워서도

바닷바람 물비린내
몸에 밴 채
눈만 껌뻑

파도만
철썩거려도
고향 생각나나 봐요.

# 魚市場

跳跳動動的海鮮
躺在座板攤上

海風和腥腥的味道
潛滲在身上
只眨眨着眼睛

波浪波游
沙沙的動聲
好像想念家鄉

■ 평설

# 화이부동和而不同이 약동하는 유토피아를 구경하다
-춘헌春軒 채윤병蔡允秉 시인의 시 세계

이석규 (시조시인, 가천대학교 명예교수)


### 1. 들어가며

　채윤병 시인은 점잖으면서도 소탈하고 언제나 다정하시다. 원래 마음으로 가까이 존경하는 분인 데다가, 전에 필자가 사)한국시조협회 일을 할 때, 사무총장으로서 지혜와 능력을 다해 지극정성으로 도와주던 절친 채현병 시인의 백씨 되는 어른이기도 하다. 그래서 더욱 친근감을 느낀다.
　그의 시조의 세계는 현상세계의 천재지변을 비롯한 사회문제에 관심과 염려를 가진다. 그리하여 필요할 때는 따끔하게 경고하거나 경책警策으로 후려치기도 한다.
　그러나 그의 시적 사유와 감수성은 우리를 둘러싸고 있는 자연에 바탕을 두고 반응한다. 그의 자연은 눈에 보이는 자연인 동시에 눈에 보이지 않는 자연을 포함한다. 전자에서 후자를 마음껏 상상하여 창조해내는가 하면 그것을 전자와 동일시하기도 한다. 자연을 통한 내면의 확대이다. 이양하李敭河가 이른바 "머리 위에 푸른 하늘은 잊어버리고 주머니 속에 돈을 세느라 영일寧日이 없다"라고 했던, 그 하늘의 아이콘으로서 자연 말이다.

　이처럼 관념으로 내면화된 자신만의 정신세계가 너무나 집중적이고 분명해서, 다른 곳으로는 눈을 돌린 적이 없을 것만 같다. 그냥 즐기고 관조觀照하는 가운데 저절로 자연에 동화된다. 그리하여 현실을 가볍게 뒤로하고 자신이 창조하고 늘 가꾸어가는 유토피아를 마음껏 향유한다. 그것도 가장 익숙하고 정든 고향산천, 고향 마을의 터전에서 말이다.

　가끔 세상사에 관심을 표명하기도 하는데, 이를 고려해도, 채윤병 시조의 전반적 흐름은 위대한 자연 속에서 자연을 닮은 대 긍정과 조화 그리고 삶의 아름다움을 추구하면서 끝없이 완숙을 지향한다고 하겠다.


## 2. 작품 섬강별곡 기타

　채윤병 시인은 이번 시조집은 『섬강별곡』이란 제목으로 내는 8권째의 시조집이다. 게다가 『섬강일기』라는 동시조집을 3권이나 냈으니, 열한 권의 시조집이 모두 제목도 '섬강'이요, 제재도 '섬강'이다. 이런 경우는 국내는 물론 세계적으로도 그 유례를 찾아보기 어려울 것이다.

　따라서 채윤병 시조시인에게 별명을 붙인다면 마땅히 '섬강시인'이 되어야 할 것이다. '섬강시인 채윤병', 이렇게 말이다. 자유시를 쓰는 김용택 시인을, 이름도 비슷한 '섬진강 시인'이라고 한다. 그러나 그는 채윤병 시인이 그러한 것처럼, 섬진강에만 몰두하지는 않는다. 이런 사실을 고려할 때, 채윤병 시인이야말로 명실공히 진정한 '섬강시인'이요, 섬강 주변의 모든 주민에게 두루 사랑을 받으며 또한 큰 자랑이 될 것이다. 나아가 자연과 조화를 이루는 한국적 정신세계와 감수성을 가진 많은 이들로부터 널리 공감과 사랑을 받는 시인이 될 것으로 믿는다.

이 시조집 『섬강별곡』은 맨 앞에 서시序詩가 나오고 그다음에 1부부터 시작된다.

1부는 '섬강별곡'이란 제목의 연시조 20편이 모두 섬강이 주는 다양하고 아름다운 감성적 반응을 부제목으로 하고 있다.

첫수는 부제가 한 해의 시작을 알리는 '-신축년 새해'이다. 그러니까 신축년 새 아침을 맞이하는 축가로써 '섬강'이라는 선경仙境의 문을 여는 셈이다.

그다음은 선경 안으로 들어가면서 '-가나다라 섬강여행', '-고노도로…', '-구누두루…', '그느드르…', '-기니디리 섬강여행'이라는 부제가 붙은 6편의 시조들이 나온다.

그 뒤를 이어 섬강의 풍치를 드러내거나 서정성을 듬뿍 담은 부제가 붙은 시조 13편이 뒤를 잇는다.

그러면 첫수인 「섬강별곡 -신축년 새해」부터 살펴보자.

날 새자 저 해님도 너무 좋아 웃어대나
속 깊은 섬강 물도 의지 높은 치악산도
화색이

넘치고 넘쳐
앞길 환히 열어주네.

「섬강별곡」-신축년 새해 첫수

세 수로 되어 있는 이 시조는, 1부의 문을 여는 축시로서 새해를 맞이하는 꿈과 희망을, 그리고 섬강 주변의 아름다운 정경을 노래한다. 섬강물이 쉬지 않고 흘러 흘러 거침없이 바다로 나아가듯, 한 해의 모든 일이 형통하기를 간절히 바라는 기원이 주조를 이룬다.

전체적으로 아름다운 섬강 주변의 절경 속에서 희망과 기쁨에 넘치는 시혼詩魂을 노래하지 않을 수 없다는 고백을 담고 있다. 흥과 신바람에서 오는 시의 화자의 호방한 모습을 눈으로 보는 듯하다.

### 1) 가나다라 섬강별곡

다음은 마치 삼행시三行詩를 쓸 때처럼 시조의 각 장 첫음절에 우리말의 발음 '가나다라…'를 순서대로 맞추어 쓴 시조를 선보이고 있다.

우리 국어는 한글로 표기했을 때, 자음의 음소를 ㄱ, ㄴ, ㄷ… ㅎ까지 모두 14개의 문자로 나타내고 있다. 그런데 시조는 한 수가 3장으로 되어 있으므로 다섯 수로 된 연시조는 모두 15장이 되므로 한글 자가 부족하다. 그래서 다섯 번째 수 종장 첫 소절을 '섬강은'으로 시작한다. 그렇게 각 편마다 5수 15장으로 운韻을 맞추고 있다.

한편 우리말 모음은 모두 ㅗ, ㅏ, ㅜ, ㅓ, ㅡ, ㅣ, ㅔ, ㅐ 등 8개의 단모음單母音과 11개의 복모음複母音으로 되어 모두 합하면 19개이다. 모음은 입을 벌리는 정도와 입술 모양으로 만들어지는 음소이다. 우리말은 자음만으로는 소리를 낼 수가 없고 모음이 있어야 발음이 가능하므로(영어는 자음만으로 음절을 만들지는 못하지만 발음은 가능하다.) 음절을 만드는 절대적 요소이다.

우리말의 단모음 8개 중에서 'ㅔ'와 'ㅐ'는 중간음이다. 이 중간음을 뺀 6개의 단모음으로 만들 수 있는 모든 음절을 동원하여 서로 겹치는 일이 없게 차례대로 배열한 것이 "가나다라…에서 기니디리…까지" 모두 84음절이다. 게다가 6편 모두가 각 5수로 되어있는 연시조이므로, 장의 수는 모두 90장이 된다. 그리하여 이 6편 모두의 다섯째 수 중 마지막 수 종장 첫 소절을 '섬강은'으로 통일시켜서 표현하여 90장을 채우고 있다. 그렇게 우리말의 모든 단모음으로 된 받침이 없는 모든 음절을 사용하여 「섬강별곡」을 시조를 완성하고 있다. 발상 자체가 놀라울 뿐이다.

또한, 각 편의 첫 수는 봄, 둘째 수는 여름, 셋째 수는 가을, 넷째 수는 겨울 그리고 다섯째 수는 전체를 어우르는 내용을 담고 있다. 그러면서도 모든 작품이 섬강의 아름다움과 운치 그리고 섬강이 주는 낭만과 흥을 잘 표현하고 있다.

결론적으로 전편이 어떠한 서사시 못지않은 웅장함과 아울러, 풍부한 서정성이 시인의 심미적 안목에 의해 예술적으로 다듬어져 있다. 나아가 완숙의 경지에 이른 시인의 초탈, 탈속한 내적 분위기까지 잘 살려내고 있는 대작이다.

  가없는 섬강 줄기 천지조화 이루었네
  나와 너 맺은 인연 파랑 새싹 돋아나듯
  다 함께 맑은 물 따라 천생연분 맺어요

라디오 리듬 소리 피라미가 듣나 보다
　　　마당질 꼬리 춤에 팔딱팔딱 장단 맞춰
　　　바람은 삼복더위에 부채질로 한몫 봐.

「섬강별곡蟾江別曲」 중 부제가 '-가나다라 섬강 여행-'이라는 부제가 붙어 있는 다섯 수로 되어있는 연 시조 중에 첫째, 둘째 수이다.

천지조화를 이루며 흘러가는 섬강 줄기 그리고 그 속에 묻혀 사는 인간들의 어울림은 하늘이 맺어준 연분이다. 인생의 흐름과 섬강의 흐름이 짝을 이루는 가운데, 새싹처럼 돋아나는 기쁨을 억제하지 못한다. 시인 특유의 흥겨움에 어깨가 들썩인다. 둘째 수에서는 문명과 자연이 교감하고 인간과 미물이 공생한다. 특히 섬강의 출렁임을 감각적으로 표현되어 있다.

예시문에서 보는 바와 같이 각 장의 첫 음절을 가나다라…로 시작하면서도 잘 조화를 이루어, 자연이 주는 기쁨과 희망 속에 생동하는 생명력, 그리고 섬강의 아름다움을 극대화하고 있지 않은가! 놀라운 가작이라 아니할 수 없다.

　　　퍼붓는 온갖 욕망 사시사철 갈고 닦아
　　　허영쯤 물리치고 실속 가득 채우라네
　　　섬강은 사심도 없어 만인의 스승이여
　　　　　　　　　　　　　-거너더러 섬강 여행- 다섯째 수

봄여름 가을 겨울 사철을 거치면서 섬강은 그리고 시인은 하나로 동화되어 즐기며 출렁거린다. 그런 가운데 능력껏 베풀며 살고자 한다. 시인은 온갖 욕망과 허영을 물리치고, 다만 심신을 섬강 물에 닦아내어 완숙에 이르리라는 깨우침에 마음을 모은다. 맺힐 것도 아쉬울 것도 물론 사심도 없이 섬강은 흐른다. 그야말로 심신 수양의 도량이며 옷깃을 여미게 하는 만인의 스승임을 보여주고 있음이다.

> 초승달 서산 머리 날름 앉아 살살대면
> 코끝이 시근거려 도망치는 저 철새들
> 토박인 삼동 겨울쯤 눈도 깜짝 안 하는데
>
> 포부도 당당하다 너른 벌판 껴안고도
> 호들갑 떨지 않고 예나 제나 변함없이
> 섬강은 저 바다 향해 여보란듯 달린다네.
> 　　　　　　-고노도로 섬강 여행- 넷째, 다섯째 수

섬강의 사계절의 특성을 하나하나 살려내고 있다. 봄날에 돌아오는 철새, 여름날 무더위 속에 땀방울 흘리며 금빛 결실을 향하여 달구는가 하면, 가을이면 결실마다 뜻을 이룬 흥이 솟는다.

넷째 수는 작고 귀엽고 사랑스러운 초승달로 시작된다. 계절을 따라 삼라만상이 저마다 스스로를 드러내되 뽐내지 않는다. 그냥 존재할 뿐이다. 자연스럽게 그냥 살아가는 것이다. 사람도 섬강도 자연도 마찬가지다. 주어진 형편대로 누리고 즐기면서 적응하고 어울린다. 그 모습 자체가 실존의 본성이고 자연 그대로 살아 움직이는 생명의 작용이다. 당당하게, 믿음직하게 제 갈 길을 어김없이, 거침없이 달려가는 섬강과 인생과 자연과…, 모든 것에 대한 긍정과 예찬을 담은 절품이다.

구김살 하나 없이 인생행로 갈고 닦아
누구나 향내 품은 꽃잎 활짝 피워 본다
두둥실 봄 꿈에 실려 물결 타고 놀듯이
　　　　　　　　　　　-구누두루 섬강 여행, 첫수

　봄길 따라 섬강을 여행한다. 주체인 시의 화자가 여행하는 것이고 동시에 객체인 섬강이 스스로의 여행을 하는 것이다. 언제나 섬강은 시의 화자요 동시에 섬강 자체이기도 하다.
　섬강 같은 인생, 인생 같은 섬강, 자연 그대로 구김살이 하나 없다. 그냥 스스로의 향기를 마음껏 발산할 뿐이다. 그리하여 인생이란 존재 자체가 즐거움이다. 봄, 여름, 가을, 겨울, 계절에 몸을 싣고 마음을 싣고, 즐기며 누리며 나누며 살아가는 것이다. 그것이 교감을 통하여 섬강이 시인에게, 그리고 독자에게 주는 삶의 해답이다.

르네상스Renaissance 문예부흥 대혁명 꿈을 꾸나
'므겁다' 저 옛말도 서슴없이 알아채고
브랜디Brandy 참맛에 취해 시 한 구절 읊어대네.
　　　　　　　　　　　-그느드르 섬강여행- 둘째 수

　우리말에 'ㅡ' 모음으로 시작 되는 고유어가 그리 많지가 않다. 그래서 고어古語나 외래어까지 총동원한다. 그러면서도 많은 고뇌 끝에 용케 찾아낸 그 어휘들에 예술적 생명을 불어넣어, 시조 전체에 어울리도록 문장을 끌어가는 필력과 상상력이 놀랍기만하다.
　전 작품으로, 그립던 지난 시절부터 국제화 세계화에 이르기까지

섬강과 함께 도도히 흘러가는 겨레의 역사를 조감鳥瞰하며, 아울러 옷깃을 여미고, 손 모아 기원하는 시인의 진정이 돋보이는 작품이다.

   기이한 섬강 변에 봄 햇살 내리쬘 땐
   이르다 할 것 없이 새싹들이 방긋방긋
   디딤돌 딛고 일어서 멋진 타령 울려대네

   ………

   치솟은 치악산은 백의민족 깃발 아래
   키 자랑 몸매 자랑 옥빛 샘물 연신 쏟아
   티 없는 저 맑은 강물 바다 향해 들고 뛰네.
          -기니디리 섬강 여행- 둘째, 넷째 수

 이 작품은 더욱이 다양한 생명과 존재가 함께 어우러지면서 즐기는 역동적 모습을 이미지화하고 있다. 특히 겨울을 묘사한 넷째 수는 나라와 겨레의 품 안에서 모든 생명이 밝고 빛나는 미래를 향하여 약동하며 나아가는 모습을, 섬강의 이미지와 함께, 유감없이 보여주고 있다.

### 2) 「섬강별곡」 시상(詩想)이 가는 대로
 다음은 「섬강별곡」이란 제목을 붙인 시조 가운데 '가나다라…' 발음을 따르지 않고 시상詩想에 따라 제목을 붙인 작품들 몇 편을 살펴보고자 한다.

참사랑 솟구치는 우주 꽃밭 일궈 놓고
　　행복이 넘쳐흘러 웃음보를 터뜨리나
　　곱고도
　　황홀한 색깔
　　산마루에 수를 놓네.

　역시 「섬강별곡」에 속하는 이 시조는 발음에 의하지 않고 '꽃구름 찬가'라는 시상詩想에 맞는 부제를 달고 있는 세 수로 된 연시조 중 첫수이다.

　섬강 가 하늘 위로 피어오른 꽃구름에 노을이 비치나 보다. 그 모습이 너무 눈부시다. 그 아래로 춤을 추며 날아가는 물새 떼 그리고 언제나 변함없이 리듬을 타고 출렁거리는 섬강 물결, 이 모든 것이 그냥 함께 어울린다. 수를 놓은 것인가, 그림을 그린 것인가? 순식간에 사라져 버릴 것만 같다. 이 황홀한 아름다움을 시조로 표현하려고 스스로를 잊고, 시상에 잠긴 시인의 모습까지 하나의 어우러진 그림이 되어 눈으로 보는 듯이 선하게 떠오른다. 일부러 다시 한번 섬강을 가보지 않고는 안 되겠다는 생각이 들 만큼 호소력이 뛰어나다.

　　산바람 강바람이
　　어깨 겯듯 얼싸안고
　　무아경에 빠져들어
　　신풀이를 하는 건가
　　저 풍경, 맛깔스러워 시 한 구절 절로 솟네

청산은 파노라마
물살은 음율 일궈
귀에 익은 멜로디가
사시사철 메아리쳐
한세상 어울림 장단에 무진 별곡 읊는다오.

이 작품은 「섬강별곡」 중 "산도 좋고 물도 좋고" 라는 부제가 붙은 3수로 된 연시조의 첫수와 셋째 수이다.

치악에서, 섬강에서 불어오는 맑고 신선한 산바람과 강바람이 서로 만나 섞이고 얽힌다. 한 덩이가 되어 얼싸안고 춤을 춘다. 치악을, 섬강을 지성으로 사랑하는 사람만이, 그리하여 관조觀照를 넘어 침잠沈潛에 이른 사람만이 자연과 하나가 되어, 영안으로 보고 느낄 수 있는 경지다. 시구가 저절로 흘러나오는 것은 당연지사요 자연지사다.

풍치 속에 진정한 자유를 누리는 시선詩仙의 모습을 보는 듯하다.

1부의 「섬강별곡」에 그려진 모든 풍치는 화이부동和而不同이되 생생하고 싱그럽다. 산 높고 물 맑은 자연에서 솟아나는 태곳적 생명력이 순수를 간직하고 예 그대로 흐른다. 변함없는 하늘 향기와 은쟁반에 옥구슬을 굴리는 듯 부드럽게 흐르다가 용솟음치는 자연의 박동 소리에 섬강과 치악이 주고받으며 덩실덩실 춤춘다. 때로 일어나는 세사에 얼룩진 잔주름이 무슨 대수며, 한스러울 무엇이 있겠는가! 아름다운 자연 속에서 저절로 흘러나오는 시구를 읊으며 군자삼락을 살아가는 소박한 인생, 그 자체가 자연의 파노라마와 세월의 멜로디의 어울림 장단이 아니겠는가?

　꿈이 아니라 바로 내 고장에 실존하는 하늘이 주신 천혜의 절경, 섬강과 그 일대는 말 그대로 이상향이요 바로 살아있는 유토피아인 것이다.

　한 마디로 채윤병 시인은 자신도 모르는 사이에 무념無念에 몰입하여 몰아沒我의 경지를 소요逍遙하는 동양적, 한국적 이상향을 살고 있음이 아니겠는가?


### Ⅲ. 또 하나의 유토피아

　2부에서부터 7부 끝까지 「섬강별곡」이란 제목을 벗고 있다. 군데군데 세상살이가 포함되지만 결국 또 하나의 유토피아가 전개된다.

　　　꽃샘추위 이긴 꽃이 꽃 중의 왕인가
　　　꽃마다 꽃 춤추며 꽃 웃음에 꽃 입 벌려
　　　꽃, 꽃, 꽃, 꽃에 취해서 꽃과 함께 꽃 춤추네

　　　꽃 들판 꽃잎마다 꽃에 끌려 꽃이 폈나
　　　꽃송이의 꽃말 듣고 꽃 눈치만 살피는 날
　　　꽃, 꽃, 꽃, 꽃 사랑에 흘려 꽃을 안고 꽃 꿈 꿨네.

　이 작품은 제목이 「꽃, 꽃, 꽃, 꽃 타령」으로, 5수로 된 연시조이다. 모두 225음절, 100여 개의 어절 중에 '꽃'이란 한 음절짜리 낱말이 61번 되풀이된다. 그것은 독자들의 호불호를 떠나서 '꽃'이라는 낱말을 여러 번 되풀이한 신기록이 될 것이다. 그러면서도 하나하나마다 생명을 갖춘 주체요 객체로서 시행詩行마다 또는 시조 전체가 꽃들이 서로 어울리며 춤추고 일어서는 공감각적 이미지의 꽃밭으로 창조되고 있다. 또 하나는 자음, 모음, 자음 다시 말하면 초성 중성 종성이 한 음절을 이루며 반복적으로 일어나는 압운(두운, 요운, 각운)을 살려내고 있다. 같은 음을 반복적으로 합창하는 말의 유희, 희언戱言, punning을 이루고 있다. 그래서 지루할 틈이 없다. 한 음절로 된 한 낱말을 되풀이하여 이처럼 여러 효과를 살려내는 표현은 그 자체가 현대시조에서는 매우 드물며, 그리하여 오히려 참신하고 재미있는 느낌을 준다.

벌 나비 신풀이에
벌레들도 목청 높여
봄바람 살랑살랑 흥이 솟아 넘실대네
저마다 제멋에 겨워
날 가는 줄 모르고

이 작품은 세 수로 된 연시조 「오월의 리듬」 중 둘째 수이다.
노천명盧天命 시인부터인가? 우리는 오월을 계절의 여왕이라고 일컬어 왔다. 아무도 토를 달지 않는다. 그만큼 오월은 젊고 싱싱하며 생명의 에너지가 충일하는 계절이다.
채윤병 시인은 "샘물이 치솟는 듯/ 태산 같은 힘이 솟"고, "온 산천, 생기가 돌아/ 맥박소리 요란"하다라고 노래한다. 모든 생명체가 다함께 기쁨과 즐거움을 모아 인간을 뛰어넘는다. 자연의 클라이맥스요, 이른바 별유천지비인간別有天地非人間이다. 그곳에는 흥과 멋이 그리고 삶의 의미들이 리듬을 탄다. 말 그대로 생명력이 약동하는 오월이다.

참으로 이 작품에서는 한 줌의 그늘도 발견할 수 없다. 모든 생명과 삶의 의미가 하늘이 창조한 원초적 모습 그대로를 발현하며 생동한다. 동적 이미지가 돋보인다.

> 천혜의 오솔길을 굽이굽이 걷노라면
> 풀벌레 합주곡이 귀청 속을 울려댄다
> 산새도 반겨주는가
> 떼거리로 재잘거려
>
> 「숲속 교향곡」 5수 중 첫 수

시인은 숲속의 거닐며 하늘이 주신 천혜의 축복을 낱낱이 결결이 즐기고 있다. 진정한 자연 사랑, 숲 사랑은 아무나 하는 것이 아니다. 고절한 인품과 뛰어난 심미적 감각, 그것을 받아들이는 천진성 등 삼박자를 모두 갖추어야만 한다. 자연과 나를 동일시하는 가운데, 지상의 낙원을 즐기고 누릴 수 있어야 한다. 그런 의미에서 이 시의 화자는 참으로 복이 많은 시인이다.

이와 같이 숲 사랑, 자연 사랑을 노래한 시조로 「숲속 낙원」, 「희망의 변주곡」이 있으며, 이들은 「샘물 멜로디」와 함께 시각적 이미지와 음악적 감수성이 작품마다 출렁거린다.

꽃피면 꽃향기에 벌 나비 떼로 몰려
오붓한 지혜 일궈 가락 춤에 놀아나듯
윙 윙 윙
멜로디에 실려
바람처럼 살고 싶다.

 이 시조는 3수로 되어 있는 연시조 「바람처럼 살고 싶다」 중 둘째 수이다.
 나옹화상懶翁和尙 적부터 "바람처럼 살라 한다. 물처럼 살라 한다."는 시詩들이 시작되다가 이어 박목월에게까지 왔다. 그러나 그것은 자신의 욕망을 내려놓으라는, 에고를 버리라는 뜻으로 이를테면 불교적 도학적 수양의 의미에 가까웠다. 그러나 채윤병 시인의 '자연처럼 살고 싶다'라는 자연에의 동화, 곧 자연처럼 더 멀리 마음껏 날고 싶다는 것뿐이다. 자연을 환유한 꽃과 향기, 나비와 벌떼들처럼 자연의 가락에 취해 춤추며 무한을 향해 날고 싶다는 의미의 '바람처럼'이다. 크고 넓고 아름답게 그리고 너울너울 춤추며 돌아가는 자유자재의 '바람처럼' 말이다.
 다양한 공감각적 이미지의 예술적 언어 운용이다.
 그의 시조 「바람처럼, 구름처럼」도 여기에 제시하지는 않았지만, 같은 맥락이다.
 바람과 구름은 천생연분으로 "언제나 어디서나 찰떡궁합 단짝 사랑"이란다. 말 그대로 "쌓이고 쌓인 무진 정분"이다. 그 바람과 구름 아래 펼쳐진 청산, 메아리는 메아리대로 이미지는 이미지대로 뭇 생명의 터전을 이루고 동시에 그들의 힘찬 맥박으로 하늘의 뜻을 실현하고 살아낸다는 것이다. 비우거나 자기 수양 따위는 존재하지 않는다. 그 이전의 더 본질적인 세계의 아름다움을 구현하고 있다. 이것이 채윤병 시인이 인식하고 의미 부여하는 바람이요 구름인 것이다.

> 문기文氣 넘친 붓대 잡고 시 한 수에 멋진 초서
> 수묵화는 곱살스레 춤사위는 가락 맞춰
> 저 기품, 신통방통해
> 민낯조차 곱고 곱다.

이 시조는 3수로 된 연시조 「흰 눈은 팔방미인八方美人」의 둘째 수이다. 어지러울 만큼 자유분방하게 쏟아지는 눈발, 그 하나하나가 그려내는 몸짓은 힘을 모아 웅크렸다가 쭉쭉 뻗어내는 활달한 초서의 붓길 같다. 또는 가락에 맞추어 팔짱 끼고 함께 도는, 수 없는 생명의 춤사위 같다. 게다가 어디서 온 것인지 알 수도 없는 안개처럼 서린 기품까지…. 시인은 쏟아지는 눈[雪]의 리얼리티를 이렇게 묘사하고 있다. 흩날리는 눈발에서 시, 서, 화, 가, 무詩書畵歌舞를 무불통달無不通達에 이른 다예다능多藝多能의 극치를 발견하고 그려낸다.

그러고도 더 깊이 들어간다. 어떤 치장도 하지 않았는데 오히려 순결하고 청초함이 두드러지는 눈의 민낯, 곧 눈의 원초적 본질을 발견하는 데까지 이르고 있다.

눈 내리는 정경을 이처럼 본질까지 꿰뚫어 맛깔스럽게 바라보는 시인의 혜안이 빛나는 명품이다.

시간이 흐를수록
　　영원한 등불 같아
　　맥박도 파도치듯 멈출 줄 몰라 하나
　　몽상에 잠기는 시간
　　온 누리가 찬란하다.
　　　　　　　　　　　<신비한 몽상> 3수 중 셋째 수

　도학적 사색과 우주와의 합일을 지향하고 깨달음의 세계를 추구하는 명상이나 묵상보다는 훨씬 몽환적이다. 차라리 우리 민족 전래의 신선도에 나오는 신선과 선녀의 세계를 지향한다고 할까? 낭만과 꿈과 멋, 리듬에 선율까지 살아 있는 그리고 절대로 빼놓을 수 없는 자유가 있는 이상향 그것이 그의 정신세계가 지향하는 원적지요 시세계의 근간인 것이다.

　　성공의 마법사로
　　울림의 꽃망울로
　　둘도 없는 친구 사이 천생연분 아니던가
　　한평생 어깨동무로
　　나침반이 되어주네.
　　　　　　　　　　　「책은 나침반」 3수 중 3수

　채윤병 시인의 시조 중에 독서에 관한 내용도 비중이 상당하다. 그의 작품 「명상에 잠겨」, 「불면의 밤」, 「책은 나침판」, 「독서는 인생의 등불」…등이 이에 속한다. 이들 작품을 통하여 채 시인은 문필가가 될 수밖에 없는 성정을 지니고 있으며, 그럴 운명을 타고나신

분이라는 생각이 든다. 그 과정에서 고통이나 어려움을 당하는 것은 물론이고 그것을 극복해 내는 긍정적 심성과 인생의 지혜 두루 갖추고 있음을 알 수 있다. 필연적으로 성숙과 발전에의 소망을 놓지 않는다. 결국 완숙을 향한 발걸음을 멈추지 않고 있음을 문득 발견하게 된다.

그는 이 시조에서 작품에서 책에 대하여 "어딜 가나 동반자로/ 가시밭길 휘휘 돌아 갈팡질팡 헤매어도/ 책 속에 길이 있다"라는 인식과 굳은 신념을 굽힌 적이 없어 보이는 것이 그것이다. 인용된 3장만 보아도 구구절절 얼마나 책을 가까이하고 사랑하는지 엿보기에 충분하다.

> 이 세상 사람마다 생김새가 다르듯이
> 성깔도 중구난방 우왕좌왕 헤매건만
> 떳떳한 정의 앞에선
> 차돌같이 똘똘 뭉쳐
> 「놀라운 세상」 3수 중 첫 수

채윤병 시인의 작품 대부분이 풍경이나 계절 등 자연을 노래하거나 배경으로 하고 있는데, 이 작품은 군중의 집회에서 드러나는 민족성을 노래하고 있다.

우리 국민은 사람마다 개성이 뚜렷하며, 말썽도 많고 문제도 많이 보이지만, 정의와 나라 사랑이란 명제 앞에서는 모두가 단단하게 하나로 뭉친다는 자부심을 강조한다. 둘째 셋째 수에서는 천재지변이나 대형사고로 세상이 들썩거려도 고목처럼 우뚝 서서 흔들림 없는 민족성을 찬양하고 있다.

    이 밖에도 남다른 정의감으로 역경을 이겨내어 나라와 사회에 공헌한 분, 크고 너그러운 품성으로 이웃과 사회에 헌신을 다한 분, 소박하지만 반듯하고 다정한 사람들에 대한 존경과 예찬을 아끼지 않는다. 사람들에 대한 이러한 관점은 시조를 통하여 그가 추구하는 가치관의 일단을 엿보게 하는 것이다.

## IV. 채시인의 시조세계

    채윤병 시인의 시조를 보면 그가 문필가가 될 수밖에 없는 성정과 자질이 넘치는 것을 저절로 느끼게 된다. 여러 분야에 다재다능多才多能하여 서예와 창唱 한국화 등에도 상당한 수준에 이른 것으로 알려져 있다.

    그의 작품은 첫째, 전반적으로 자신의 꿈, 꿈에 그리는 자신의 모습을 형상화하는 경우가 많다. 언제나 끝없는 희망이 펼쳐진다.

    둘째, 섬강과 치악을 비롯한 자연과 그 현상에 매료되어 있다. 사계절의 독특한 맛깔스러움을 누구보다도 깊이 음미하며 누린다. 그의 작품 곳곳에서 이에 반응하는 비단 같은 감수성이 눈부시게 출렁거림을 볼 수 있다.

    그것은 그의 탁월한 심미적 감각과 상보적相補的 관계를 이루는 것 같다. 그리하여 자연과 인간의 삶에 순간마다 펼쳐지는 멋과 운치를 본능적으로 포착하고, 자신을 잊을 만큼 심취한다. 당연히 낭만과 흥겨움, 펼쳐지는 춤사위가 늘 함께 공존한다.

셋째 그의 심성은 결코 부정否定을 모르는 것 같다. 그만큼 긍정적이다. 심지어 모든 생명과 만상 위로 끊임없이 밀려오는 고난과 고통조차도 성숙과 발전을 지향하는, 그리하여 결국은 완숙을 향하여 나아가는 트레이닝 과정으로 생각하고 달게 여긴다.

넷째 채윤병 시인의 또 한 가지 특성은 모든 것들의 어울림을 추구한다. 문명과 자연, 인간과 만상萬象의 교감을 매우 중요시한다. 그것은 진실로 조화調和를, 해화諧和를 지향하는 사랑과 심미적 바탕에서 우러나는 것 같다.

다섯째, 자연과 나의 동일시identy다. 주객일치主客一致, 물심일여物心一如의 경지와 실물과 실체에서 우러나는 진정한 자유를 끊임없이 찾아내고 견지해 나간다.

여섯째, 그의 언어는 쉼 없이 약동한다. 그의 시조에는 역동적 생명력, 생동감을 주는 동적 이미지가 연속되고 있다. 싱그럽고 감칠맛 있는 언어의 예술성이 살아 있음이다. 언어의 노래와 몸짓들을, 한데 어울리는 존재의 아름다움을, 그 자유를 지성至誠으로 구현하고 있다.

한 마디로 이 모든 것에 대하여, 낭만과 희망 속에 사랑을, 자유를 실현하며 살아가는 인생과 섬강의 생명력을 영원히 지향한다. 그것이 채윤병 시인의 시조세계이다.

참으로 복이 많아서 아름다운 길을 걷고 있는 선배 시인의 문학적, 예술적 장도에 오래도록 신神의 가호가 함께하기를 기원한다.

┃지은이 소개 ┃

■ 이력
* 채윤병(蔡允秉)
* 아호(雅號) : 춘헌(春軒)
* 강원도 원주시 호저면 매호리 출생
* 산현간이학교 졸업
* 산현초등학교 졸업
* 서울사범학교(6년제) 재학 중 6·25사변을 겪음.
* 춘천사범학교 졸업
* 한국방송통신대학교 초등교육과 졸업
* 한국방송통신대학교 교육학과 졸업(교육학사)
* 서울민족시 사관학교 22년차 교육 중
* 초등교육 45년 봉직(국민훈장 동백장 수훈)

■ 문화예술 활동
* 《동백문학》으로 시조 및 동시조 신인상
* 강원문학회 이사. 강원시조문학회 부회장 역임
* 강원아동문학회 부회장 역임. 강원국제펜 운영위원
* 남한강문학회 부회장 역임. 서울 열린시조학회 이사
* 동백문학회 부회장. 산다촌문인회 회장 역임
* (사)한국시조협회 자문위원. 한국시조시인협회 이사 역임
* 국제펜 한국본부 회원. 한국문인협회 회원. 한중작가협회 이사

* 한중문화교류위원회 이사. 동남아작가협회 이사
* 아시아작가협회 이사. 환태평양 국제교류연맹 교육위원장
* 현대 한국인물사에 수록(한국민족정신 진흥회) 6회
* 한국 손문연구회 국제교류원 부회장

■ **표창장 및 감사장**
* 교육부장관상(3회). 강원도 교육감상(2회)
* 강원도 도지사상. 강원도 교육회장상. 대한교육연합회장상
* 전국시조백일장 장원(문화관광부장관상)
* 중앙일보 시조백일장 입상. 열린시조백일장 장원
* 북원문학상. 원주예총문화예술대상. 강원아동문학상
* 강원시조문학상. 샘터문학상. 강원국제펜클럽 문학 번역상
* 동백예술문학상. 올해의 좋은 작품상. 황산시조 문학상
* 한국문학상(동시조). 시조비평 문학상. 세종문화예술대상
* 한국시조문학상. 전국휘호대회 한글부 장원(국무총리상)
* 국제문학상(중화민국, 태국, 홍콩, 동남아). 국제 만송예술상 국제 통섭문화 박애상. 국제 서예전 입상(중화민국)
* 국내감사장(동백문화재단, 동일초등학교장, 명일초등학교장)
* 국제감사장(중화민국 국제환경청소년 연맹, 사상고등학교장, 중화민국 대동시장, 대동현장, 대동현 체육회장, 대동현 미술교육학회 이사장, 국립대동대학교장, 대동시 풍리국민소학교장, 대동시 풍원국민소학교장)
* 인물 걸출상(중화민국). 세계문학상(서울 문학세계)

■ 저서
  * 『섬강별곡』 8권. 『섬강일기』 (동시조) 3권 발간
  * 동시조집 『웃으면 복이 와요』 (한영판, 한중판) 발간
    2009년 1월 12일 중화민국 대동현 교육청 주최로 출판기념회를 가짐(북강호텔) : 대동현 내 소학교에 배부하고, 세계 각국에 배부, 시조 100수집 『태산도 잠 못 이루고』, 『손문 정신을 기리며』 (한중판, 한영판) 발간, 세계 각국에 배부

■ 기타
  * 중화민국 <대동시의 노래>, <국제대동대학 찬가> <미화기술대학원 찬가> 작사
  * 서예작품 <대동의 아침> 1점, 대동 복강호텔에 기증
  * 서예작품: 중화민국 상이용사회관 1점 기증